espíritu santo 101

VICTORIA HARRIS

Ministerio De Adoración Arise

Textos de la Sagrada Escritura provienen de la Biblia Latinoamericana 1995 (www.bibliacatonica.com.br).
Derechos de autor reservados.

Traducción en español del Catecismo de la Iglesia Católica proveniente de archivo del sitio web del Vaticano:
http://www.vatican.va/archive/catechism_sp/index_sp.html © Libreria Editrice Vaticana.

Citaciones de documento papales y otros documentos generados por el Vaticano y disponibles en el sitio
Vatican.va y con derechos de autor reservados © Libreria Editrice Vaticana.

Extractos del libro de Msgr. Vincent Walsh, "La Clave del Movimiento de Renovación Carismático Católico"
("A Key to the Catholic Charismatic Renewal") © 1976 por Key of David Publications.
Usados con permiso del autor y del publicista.

Extractos del libro "Resistiendo el Demonio, una Perspectiva Católica" ("Resisting the Devil, A Catholic
Perspective") de Neal Lozano's © 2009 de Neal Lozano.

Usados con permiso del autor.

Extractos del libro del Dr. Gareth Leyshon "Exorcismo y Oraciones de Curación: La Posición de la
Iglesia Católica" ("Exorcism and Prayers for Deliverance: The Position of the
Catholic Church") © 2015 de Gareth Leyshon.

Usados con permiso del autor.

Nihil obstat: Msgr. Robert M. Coerver, S.T.L., M.S.

Imprimatur: Su Excelencia, Reverendo Kevin Joseph Farrell, Obispo de Dallas, febrero 15, 2016

Diseño de la portada y puesta en papel por Corinne Alexandra.

Traducido por Carmen Inga. Editado por Clara P. Carneiro.

Esta obra es una traducción directa de la edición en Inglés; no todos los libros mencionados en el texto o en
notas de pie de página ofrecen ediciones en Español.

© 2015 Mary Immaculate Publishing

contenido

PRÓLOGO	XIII
INTRODUCCIÓN AL CURSO	
0.1 El Espíritu Santo Vive Hoy	3
0.2 Los Cuatro Pilares	7
INTRODUCCIÓN AL ESPÍRITU SANTO Y SUS CARISMAS	
1.1 Breve Historia del Espíritu Santo	15
1.2 Los Carismas del Espíritu	23
1.3 La Efusión del Espíritu Santo	30
1.4 Creciendo en el Espíritu	37
Práctica	42
Ejercicio 1: Rezar para la Efusión del Espíritu Santo	43
EQUIPOS DE ORACIÓN INTERCESORA	
2.1 El Poder de la Oración	47

2.2 Definiendo Oración — 51

2.3 Pasos para la Oración Intercesora en Persona — 57

2.4 Directrices para los Equipos de Oración de "Arise" — 71

Práctica — 81

Ejercicio 1: Curación del Ojo — 82

Ejercicio 2: Equipo de Oración Intercesora — 85

ORACIÓN DE LIBERACIÓN

3.1 El Cura de Ars — 89

3.2 Introducción a la Oración de Liberación — 93

3.3 Definiciones — 99

3.4 Puertas a la Demonización — 107

3.5 Oración de Liberación — 115

3.6 Una Nota sobre el Discernimiento de Espíritus — 123

3.7 Normas Generales para la Oración de Liberación — 127

Práctica — 133

Ejercicio 1: Ejercicio Personal de Liberación — 134

Ejercicio 2: Oración de Liberación en Grupo — 138

LOS DONES DE PALABRA: LENGUAS, INTERPRETACIÓN Y PROFECÍA

4.1 Los Dones Están Vivos Hoy — 143

4.2 Los Dones de Lenguas e Interpretación — 145

4.3 El Don de Profecía 165

Práctica 176

Ejercicio 1: Cediendo al Don de Lenguas 177

Ejercicio 2: Desarrollando el Don de Profecía 180

Ejercicio 3: Profecías Rápidas 182

ORACIÓN DE CURACIÓN

5.1 Sufrimiento y Redención 187

5.2 Definiendo Curación 195

5.3 Instrucciones para Rezar por la Curación 205

5.4 Impedimentos, Consolaciones y Confirmaciones 215

5.5 Normas Generales para la Oración de Curación 221

Práctica 226

Ejercicio 1: Oraciones de Curación 228

VOCABULARIO 231

Siempre que haya una intervención del Espíritu, deja a las personas estupefactas. Suscita eventos cuya novedad asombra; cambia radicalmente a las personas y la historia. Ésta fue la experiencia inolvidable del Concilio Vaticano II, durante el cual, bajo la guía del mismo Espíritu, la Iglesia redescubrió la dimensión carismática de uno de sus elementos constituyentes: «El mismo Espíritu Santo no sólo santifica y dirige al Pueblo de Dios mediante los sacramentos y los ministerios y le adorna con virtudes, sino que también reparte gracias especiales entre los fieles de cualquier condición, distribuyendo a cada uno según quiere. (1 Co 12, 11) sus dones, con los que les hace aptos y prontos para ejercer las diversas obras y deberes que sean útiles para la renovación y la mayor edificación de la Iglesia.» (Lumen Gentium, 12).

– Papa San Juan Pablo II, Sábado, 30 de Mayo 1998

Si no conocemos al Espíritu, nuestro conocimiento de Jesús es solamente parcial. Aquellos que no conocen al Espíritu Santo—me atrevo a decir— no han entendido el trabajo salvífico de Jesús.

– Cardenal Donald Wuerl. Open to the Holy Spirit, pág. 15

…Los dones del Espíritu exigen a aquellos que los han recibido que los ejerzan para el crecimiento de toda la Iglesia.

– Papa San Juan Pablo II, Christifideles Laici, 24

PRÓLOGO

En los primeros meses del invierno de 2015, contacté a Victoria (Tori) Harris, quien en esa época visitaba el área de Dallas y nuestra parroquia de María Inmaculada con frecuencia, para preguntarle si consideraría mudarse de Nueva York y hacer de Dallas la base de operaciones para su ministerio de música. Tori se había mudado de la comodidad del ambiente musical de Nashville, Tennessee embarcándose en un intenso periodo de discernimiento espiritual, para encontrar el propósito de Dios para su vida, y de esta forma definir dónde establecería su hogar.

Mi intención era ofrecerle una base de operaciones segura, y una parroquia que le daría la libertad de desarrollar lo que ya era una exitosa carrera de música contemporánea cristiana, sin tener las ansiedades de las necesidades y demandas económicas del día a día. Además, siempre hay más que suficiente trabajo en una parroquia, y Tori podría ayudar con nuestros programas de evangelización, a medida que desarrollaba su propio ministerio musical.

Recuerdo muy bien el día en que ella me llamó de Nueva York, varias semanas después de mi oferta de empleo inicial. Era mi día libre y acababa de regresar de un rancho en las afueras de Dallas donde disfrutaba del aire campestre viendo las vacas rumiar. Era un día frio y nublado, pero nuestra conversación trajo un pequeño resplandecer de la primavera que vendría.

Tori propuso la idea de formar un ministerio de curación en la parroquia, establecido en base a los dones supernaturales del Espíritu Santo y en adherencia estricta a las enseñanzas de la Iglesia Católica.

El ministerio entrenaría a fieles laicos a cómo acoger o ceder a los dones supernaturales del Espíritu Santo, que se nos han dado en bautizo. Los dones de curación, profecía, lenguas, discernimiento, liberación, etc., siguen al servicio de la Iglesia; sin embargo, no parecía haber una fuente única y sólida del punto de vista teológico, o ya fuera un proceso, para promover y utilizar estos dones.

Si bien yo personalmente me beneficié de los frutos del seminario de la Vida en el Espíritu, popular en los años 79 y 80, ese programa parece haber perdido su presencia en muchas parroquias, o por lo menos en el Sudoeste del país. Quizás era el tiempo preciso para una nueva presentación y un nuevo recurso.

Tori me preguntó si mi parroquia, María Inmaculada, estaría abierta a explorar y hasta a desarrollar este nuevo ministerio. Sin estar al 100% seguro de la forma que este ministerio tomaría, le propuse que viniera a trabajar a María Inmaculada y podríamos explorar las perspectivas de embarcar en este ministerio nuevo. Ella aceptó la oferta.

Espíritu Santo 101 (ES 101) es el fruto de su aceptación de esa oferta. Este manuscrito es el resultado de horas incontables de recopilación de investigación, edición, oración, consultas, colaboración y trabajo con individuos laicos y religiosos, para asegurarnos de lograr el objetivo mencionado anteriormente, de proveer un recurso sólido en su teología para acoger los dones supernaturales del Espíritu Santo.

Este currículo ha probado lograr sus objetivos exitosamente. Al tiempo de escribir este prólogo, apenas año y medio desde la conversación telefónica original con Tori, cientos de personas de María Inmaculada, parroquias aledañas e inclusive de otros estados han pasado por el programa y han vivido la experiencia de los dones sobrenaturales del Espíritu Santo. Las vidas de estas personas han sido tocadas y mejoradas por haber participado en las sesiones y retiros de ES 101.

Más aun, en combinación con las noches de "Arise" donde Exposición del Santísimo, Confesión y Oración de Curación le brinda a los estudiantes y graduados en el programa de ES 101 la oportunidad de poner en uso los dones que han descubierto, personas asistiendo al evento se benefician de curación, perdón, consolación y obtienen una nueva apreciación del propósito de Dios para sus vidas.

Es un privilegio haber tomado parte germinal en el nacimiento y desarrollo de este ministerio. Como sacerdote y pastor, estoy constantemente deleitado en presenciar la forma en que el Señor orquesta derramar Sus bendiciones sobre la Iglesia.

Espíritu Santo 101 es otra de esas orquestaciones, otra de esas bendiciones.

Rev. Michael D. Forge, Pastor
Parroquia María Inmaculada
Dallas, Texas

introducción al curso

CÓMO UTILIZAR ESTE LIBRO

0.1

EL ESPÍRITU SANTO VIVE HOY

En verdad les digo: El que crea en mí, hará las mismas obras que yo hago y, como ahora voy al Padre, las hará aún mayores. Todo lo que pidan en mi Nombre lo haré, de manera que el Padre sea glorificado en su Hijo. Y yo también haré lo que me pidan invocando mi Nombre ... y yo rogaré al Padre y les dará otro Protector que permanecerá siempre con ustedes. (Juan 14, 12-14, 16-17).

En el 2010, la revista *Southern Medical Journal* publicó un artículo sobre un grupo de científicos titulado "Estudio de los Efectos Terapéuticos de la Oración Intercesora Cercana en Discapacidades Auditivas y Visuales en las afueras de Mozambique".[1] *La Oración Intercesora Cercana* (OIC) es un término inventado por los autores de este artículo para referirse a una oración de contacto directo, la cual frecuente-

---

[1] Candy Gunther Brown et al. "Study of the Therapeutic Effects of Proximal Intercessory Prayer." *Southern Medical Journal*, vol. 103 No. 9 (Septiembre 2010), pág. 864-869.

mente, incluye tocar a una o a más de las personas involucradas. Esto es lo que más comúnmente se conoce como "la imposición de manos".

Para este estudio, se evaluaron veinticuatro personas de Mozambique con diferentes discapacidades auditivas o visuales. Los científicos midieron el grado de discapacidad de cada individuo. Después, recibieron la oración intercesora cercana de parte de un equipo guiado por la misionera cristiana Heidi Baker.

> *...Ellos (el grupo de oración) colocaron sus manos en la cabeza de los sujetos y en ciertas ocasiones los abrazaron, manteniendo sus ojos abiertos para observar los resultados. En un tono muy delicado, en nombre de Jesús, le pidieron a Dios que los sanara, le pidieron al Espíritu Santo su unción y exigieron la curación y la salida de cualquier espíritu malo. Luego, los que rezaron las oraciones les preguntaron a estos individuos si se habían sanado. Si ellos respondían de manera negativa o mencionaban que la curación fue solamente parcial, continuaron con la OIC. Si la respuesta era afirmativa, se llevaron a cabo exámenes informales, tales como preguntarles a los pacientes que repitieran palabras o sonidos (p.ej. aplaudir) producidos a espaldas o que contaran el número de dedos desde aproximadamente 30 cm de distancia. Si los pacientes no podían, o solamente podían realizar esto en forma parcial, continuaron con la OIC por el tiempo permitido por las circunstancias.*[2]

Cuando terminaron con las sesiones de OIC, los científicos evaluaron a los sujetos para determinar el grado de curación (si alguna).

---

[2] Brown et al. pág. 867.

Del total de veinticuatro participantes, una persona no demostró ninguna mejoría, tres personas fueron excluidas de análisis adicionales debido a errores en la evaluación inicial, y dos personas no pudieron recibir el análisis de seguimiento debido a problemas de tiempo. Los restantes dieciocho participantes tuvieron la restauración de sus funciones auditivas y visuales.

> *La mejoría auditiva .....y visual..... fue estadísticamente significante en toda la población examinada. Generalmente, cuanto mayor era la discapacidad auditiva o visual antes de la OIC, mayor fue la mejoría después de la OIC.*[3]

En resumen, el estudio confirmó que la oración conduce a la curación. El ciego recupero la vista y el sordo pudo escuchar. De una manera misteriosa, una realidad espiritual se manifestó y alteró el mundo físico. La oración fue tan efectiva que el artículo, en su conclusión, recomendaba el estudio más profundo de la OIC como un "tratamiento adjunto al cuidado médico estándar…especialmente en situaciones donde existe un acceso limitado al tratamiento convencional."[4]

¿Qué poder ocasionó que estos individuos de Mozambique pudiesen obtener una curación física tan dramática? ¿Qué tienen de especial Heidi Baker y sus grupos de oración? ¿La Iglesia Católica apoya o desconfía de estos tipos de actividades? Y ¿se puede repetir este tipo de hecho milagroso de curación a través de la oración?

Lo que usted tiene en sus manos es un curso introductorio que tiene como finalidad responder a estas preguntas. Este representa, no

---

[3] Brown et al. pág. 867.
[4] Brown et al, pág. 868

una teología exhaustiva, sino más bien un instrumento simple y práctico para aprender sobre los dones del Espíritu Santo en el contexto de la vida parroquial católica, particularmente, en el entrenamiento de equipos de oración intercesora. Los temas discutidos no son originales, sino más bien reflexiones sobre el Espíritu Santo nacidos y conservados dentro del tesoro de las Escrituras y la Tradición.

Estas enseñanzas forman un programa de cinco semanas presentado por el Ministerio de Adoración "Arise" en Farmers Branch, Texas. Esperamos que con la publicación de este texto podamos ayudar a otros católicos a descubrir, desarrollar, discernir y compartir los dones del Espíritu Santo para edificar nuestra Iglesia.

Ven Espíritu Santo, llena los corazones de tus fieles
E infunde en ellos el fuego de tu amor.
Envía tu Espíritu y serán creados.
Y renovarás la faz de la tierra.

Oh Dios, que has iluminado los corazones
De tus hijos con la luz del Espíritu Santo,
Concédenos por el mismo Espíritu Santo,
Que seamos realmente sabios y gocemos
Siempre de su consuelo.
Por Jesucristo Nuestro Señor, Amén.

0.2

LOS CUATRO PILARES

Existen cuatro componentes o pilares importantes del *Espíritu Santo 101*. El primero es la **enseñanza** presentada en estas páginas; el segundo, es el desarrollo continuo de la **vida de oración** del estudiante; el tercero, es la participación del individuo en la **vida comunitaria** de la Iglesia; y el cuarto, es la generosidad del individuo al dar de sí mismo para la **administración** de este don para la Iglesia y el mundo entero.

Enseñanza

Los cinco capítulos de este libro se enfocarán en diferentes aspectos del estudio del Espíritu Santo:

1. Introducción al Espíritu Santo y sus Carismas
2. Grupos de Oración Intercesora
3. Oración de Liberación
4. Los Dones de la Palabra: Lenguas, Interpretación y Profecía
5. Oración de Curación

El programa de enseñanza típico consiste en cuarenta y cinco minutos de clase, seguido por treinta o cuarenta minutos de práctica dirigida de estudiantes y quince minutos de discusión en grupo. Dada la concentración del material, les recomendamos a los estudiantes que se familiaricen con el capítulo respectivo antes de venir a clases. También recomendamos que los grupos se reúnan regularmente después del curso para continuar estudiando el material, incorporando este en sus reuniones de oración y servicios de adoración.

Al final de cada capítulo está la sección "Reflexiona. Recibe. Responde." Les recomendamos a nuestros estudiantes que *reflexionen* sobre las preguntas indicadas, *reciban* una respuesta a través de la oración y luego *respondan* activamente a lo que él o ella haya recibido haciendo simples cambios en su estilo de vida, en sus pensamientos o en sus vidas de oración.

Cada sección termina con una serie de sugerencias de **ejercicios**. Estas actividades nos proporcionan la oportunidad de practicar el uso de los dones del Espíritu Santo en la clase, dentro de un contexto seguro y bajo supervisión.

Oración Personal

Central a esta enseñanza es la incorporación de estos conceptos en la vida de oración del individuo. El *Cuaderno de Trabajo ES101* es un recurso opcional para ayudar a guiar a los estudiantes en su vida de oración a través del curso de cinco semanas. Existen tres componentes del *Cuaderno de Trabajo ES101*.

> ***Oración Diaria:*** Cada semana, se le pide al estudiante que incorpore una oración específica diaria en su vida.

Lectura Diaria: Las lecturas espirituales diarias complementan la teología discutida en cada sesión. Estas ayudarán al individuo a crecer en su conocimiento y entendimiento de los dones del Espíritu Santo. Les recomendamos a los estudiantes que lean y mediten en estas lecturas.

Reto Semanal: El reto de oración semanal les permitirá a los estudiantes aprender las diferentes formas cristianas de oración.

A pesar de que el Cuaderno de Trabajo ES101 de este curso recomienda oraciones específicas, el Ministerio de Adoración "Arise" también reconoce la profundidad y belleza de otras oraciones y devociones reconocidas por la Iglesia. Las oraciones citadas en el Cuaderno de Trabajo ES101 no intentan de ninguna manera reemplazarlas. Ofrecemos el Cuaderno de Trabajo ES101 solamente como un recurso adicional.

Por último, lo más importante en el desarrollo de la vida espiritual del individuo es recibir los sacramentos regularmente, específicamente los sacramentos de la Sagrada Comunión y de la Penitencia y Reconciliación. En este curso asumimos que los estudiantes se esfuerzan por mantenerse en estado de gracia y participan activamente en la vida sacramental de la Iglesia.

Vida Comunitaria

La vida comunitaria, particularmente la adoración y oración en grupo, es esencial para el crecimiento de la vida cristiana.

Pero Dios no creó al hombre para que esté solitario, porque desde el comienzo "macho y hembra los creó." (Génesis 1, 27). Esta socie-

dad de hombre y mujer es la expresión primera de la comunión de personas humanas. El hombre es, en efecto, por su íntima naturaleza, un ser social, y no puede vivir ni desplegar sus cualidades sin relacionarse con los demás.[5]

Por lo tanto, recomendamos a todos los miembros de este curso que hagan un compromiso personal para involucrarse intencionalmente en la vida comunitaria de su parroquia. Una recomendación adicional, es el de pertenecer a un grupo pequeño, ya sea para el estudio de la Biblia, club de mujeres o grupo de hombres que son fieles a las enseñanzas de la Iglesia y se reúnen regularmente.

Administración

Las Escrituras urgen "Que cada uno ponga al servicio de los demás el carisma que ha recibido, y de este modo serán buenos administradores de los diversos dones de Dios" (1 Pedro 4, 10). Una de las enseñanzas integrales de la fe católica es el llamado a ser un buen administrador cristiano. La Conferencia Católica de Obispos de los Estados Unidos nos enseña:

> *...También estamos obligados a ser administradores de la Iglesia – colaboradores y cooperadores en el trabajo redentor continuo de Jesucristo, lo cual es la misión esencial de la Iglesia. Esta misión –proclamando y enseñando, sirviendo y santificando—es nuestra tarea. Es la responsabilidad personal de cada uno de nosotros como administradores de la Iglesia. Todos los miembros de la Iglesia tienen sus roles propios que*

---

5 Vaticano II, Pastoral Constitution on the Church in the Modern Word, *Gaudium et Spes*. No. 12, 7 de Diciembre de1965, Vaticano. Va.

deben desempeñar para llevar a cabo su misión."[6]
Nosotros recomendamos a todos nuestros estudiantes a ser buenos administradores de las gracias que han recibido de Dios. Esta administración puede tomar diferentes formas, por ejemplo:

- Liderar u organizar un pequeño grupo de oración basado en la parroquia;
- Ayudar al enfermo o aquel que no puede salir de casa;
- Servir en la misa como lector, miembro del coro, ministro extraordinario de Eucaristía u otro tipo de trabajo voluntario;
- Brindar su aporte generoso –tiempo, dinero, oraciones y servicio personal—a los programas de la diócesis y de la parroquia.

En el Ministerio de Adoración "Arise" tenemos una noche de Adoración Eucarística una vez al mes. Les recomendamos a nuestros estudiantes graduados que participen dándoles la bienvenida a los participantes, ayudando en la organización y como miembros del equipo de oración intercesora. Esto les da la oportunidad de ejercitar los carismas que están desarrollando para el servicio de su parroquia.

Para más información sobre el Ministerio de Adoración "Arise" y otros recursos –tales como el Cuaderno de Trabajo ES101, información para ayudar con la enseñanza y otros programas en desarrollo – visite nuestro sitio de internet Ariseworshipministry.com.

¡Veni Sancte Spiritus!

---

6 Conferencia Católica de Obispos de los Estados Unidos, "To Be a Christian Steward: A Summary of the U.S. Bishops' Pastoral Letter on Stewardship," usccb.org.

capítulo 1

INTRODUCCIÓN AL
ESPÍRITU SANTO Y SUS CARISMAS

1.1

BREVE HISTORIA DEL ESPÍRITU SANTO

Por lo que Juan hizo a todos esta declaración: "Yo les bautizo con agua, pero está para llegar uno con más poder que yo, y yo no soy digno de desatar las correas de su sandalia. El los bautizará con el Espíritu Santo y el fuego." (Lucas 3, 16)

Orígenes Bíblicos

Lo que los científicos pudieron confirmar en Mozambique no fue nada nuevo o único para estos cristianos, sino algo que ha existido en la Iglesia desde su comienzo. Este tipo de curación milagrosa a través de la oración intercesora comenzó más destacadamente en la Fiesta de Pentecostés, cuando el Espíritu Santo descendió sobre los apóstoles y aquellos reunidos en el Cenáculo (vea Hechos 2, 1; Juan 20, 19).

"Prepárense cada uno para recibir el don celestial (de profecía)... Que Dios permita que seas merecedor del carisma de profecía." —San Cirilo de Jerusalén

Los frutos de la efusión del Espíritu Santo están muy bien documentados en los Hechos de los Apóstoles: Pedro sana a un hombre paralítico de nacimiento (ver Hechos 3, 1-11) y resucitó a un muerto (9, 36-41), los apóstoles realizaron muchos signos y maravillas (5, 12-16) y Pablo expulsó a un espíritu malo (16, 16-18). Estas demostraciones increíbles y milagrosas del Espíritu Santo ayudaron a la Iglesia antigua a crecer y esparcirse.

Los escritores contemporáneos de la Iglesia antigua continuaron describiendo muy bien los movimientos del Espíritu Santo. San Juan Crisóstomo (s. 349-407) escribió, "Cada iglesia tiene muchos que profetizaban," y Cirilo de Jerusalén (s. 313-386) mencionó, "Era muy común para los fieles ordinarios actuar con los dones del Espíritu Santo."

"El ministerio carismático necesita la protección institucional de la decepción y el error, para que pueda producir frutos a largo plazo para el cuerpo de Cristo. Por otro lado, El ministerio institucional necesita del carismático para que la creatividad completa del Espíritu Santo se manifieste en la Iglesia en todo tiempo y para que la Iglesia recuerde constantemente su dependencia del Señor resucitado y su Espíritu." —Cardenal José Ratzinger

Sin embargo, pareciera que durante la época de San Agustín (s. 354 – 430) el uso regular de los dones había disminuido significativamente, si no desaparecido por completo. "El signo (hablando en lenguas) fue dado y luego murió. Nosotros ya no esperamos que aquellos a quienes le impusieron las manos…hablen en lenguas".[7] San Juan Crisóstomo, quien en sus escritos afirmaron el uso común de la profecía en la Iglesia antigua, después se lamentó porque "los carismas han desaparecido."[8]

---

7   San Agustín, Homilia 13 de la Primera Carta de Juan, en Philip Schaff, ed., *Early Church Fathers*. Vol. 7, P*adres Nicea y Post Nicea*, Primera Serie, trad. H. Browne (Buffalo, N.Y.: Christian Literature Publishing, 1888).

8   San Juan Crisóstomo, citado en *"The Gifts of the Holy Spirit"* por P. William Post, ewtn.com.

Los historiadores nos ofrecen diferentes explicaciones acerca de la disminución general en la actividad del Espíritu Santo a través de los siglos. Uno de los posibles motivos es el surgimiento de la herejía Montanista[9] en el siglo segundo en combinación con los abusos de los dones del Espíritu Santo. Esto ocasionó que la Iglesia impusiera salvaguardas para su protección, las cuales, en ciertos casos, tuvieron como consecuencia no intencionada la disminución en la difusión de los dones.

Otros sugieren el aumento en la popularidad del bautismo a infantes como una razón para la disminución del uso de los dones. Mientras que la popularidad de los bautismos a infantes aumentó, los cristianos tuvieron menores ocasiones de presenciar el cambio dramático que ocurría en el alma de un adulto debido a la llegada del Espíritu Santo. Por lo tanto, las expectativas de las personas en el poder recibido en el bautismo empezaron a disminuir.

> *"Los aspectos institucionales y carismáticos... son co-esenciales para la constitución divina de la Iglesia fundada por Jesús, porque ambas ayudan a que el misterio de Cristo y su trabajo salvador en el mundo esté presente."* —Papa San Juan Pablo II, 1988

---

9 La herejía Montanista fue una herejía popular en el siglo segundo. Su fundador, Montanus, indicó que los individuos eran poseídos por el Espíritu Santo durante una manifestación profética y hablaban no como mensajeros de Dios, sino como personas poseídas por el Espíritu Santo y sin poder resistirlo. Esta herejía causo una gran división por muchas razones, especialmente debido a la enseñanza incorrecta que indicaba que el libre albedrío de la persona podría ser negado al practicar el carisma y porque llevó a una desobediencia a la autoridad de la Iglesia. Por ejemplo: en casos en que la profecía estaba en conflicto con la enseñanza de la Iglesia, los Montanistas podrían tomar el lado de la profecía, creyendo incorrectamente que el falso profeta tenía más autoridad que la Iglesia. El Papa San Juan Pablo II escribió: "Ningún carisma de la relación y sumisión a los Pastores de la Iglesia" (Christifideles Laici, No. 24).

Aunque los signos y maravillas más dramáticos se hicieron menos comunes entre los fieles laicos, la actividad del Espíritu Santo en la vida de la Iglesia permaneció. Esta actividad está presente en la infalibilidad del Papa cuando enseña ex cathedra y en los carismas estructurales de la Iglesia (de los sacerdotes, obispos y diáconos). Y los carismas continuaron especialmente en la vida de los santos.

San Francisco de Asís (s. 1118 -1226) curó a los enfermos, San Francisco Xavier (s. 1506-1552) predicaba en lenguas, San José de Cupertino (s. 1603-1663) era conocido como el "santo volador" debido a su don de levitación y el Padre Pio (s. 1887-1968) conversaba con los ángeles de la guarda de otras personas. Muchos santos que operaban en los aspectos carismáticos de la fe también iniciaron reformas y renovación dentro de la Iglesia. San Benedicto de Nursia (s. 480-550), quien profetizó la muerte del Rey Totilla, compuso la Regla de San Benedicto, fue tan influyente que hoy en día es conocido como el fundador del Monasticismo Occidental. Santa Teresa de Ávila (s. 1515 - 1582), cuyos muchos milagros incluyen el levantamiento de su sobrino de la muerte, es reconocida como una líder de la reforma de la orden Carmelita.

"Renueva tus maravillas este día, como si fuera por un nuevo Pentecostés. Otórgale a tu Iglesia, la cual unida y en constante oración con María, la Madre de Jesús, y siguiendo el liderazgo de San Pedro, pueda avanzar el reino de nuestro Divino Salvador, el reino de la verdad y la justicia, el reino del amor y la paz. Amén." —Papa San Juan XXIII, Oración por el Éxito del Vaticano II

El Vaticano II y los Laicos

Mientras los carismas del Espíritu Santo estaban todavía presentes en la Iglesia, parecía que se habían convertido en una rareza, apareciendo casi exclusivamente en los santos y religiosos. Lo cual nos lleva a preguntarnos: ¿Podrían los carismas volver a la vida común de los laicos, de forma tan usual como en la Iglesia antigua?

La respuesta vino en 1962, cuando el Papa San Juan XXIII convocó al Concilio Vaticano II. Los textos relacionados con los dones y carismas del Espíritu Santo fueron tan ricos en el Vaticano II que el Papa San Juan Pablo II afirmó, en un discurso en 1998, que la Iglesia había "redescubierto su dimensión carismática."[10] Lumen Gentium, uno de los documentos principales del concilio ofrece una clara definición del rol y propósito de los carismas en la vida de los fieles:

> *Además, el mismo Espíritu Santo no sólo santifica y dirige el Pueblo de Dios mediante los sacramentos y los misterios y le adorna con virtudes, sino que también distribuye gracias especiales entre los fieles de cualquier condición, distribuyendo a cada uno según quiere (1 Cor. 12, 11), sus dones, con los que les hace aptos y prontos para ejercer las diversas obras y deberes que sean útiles para la renovación y la mayor edificación de la Iglesia, según aquellas palabras "A cada uno...se le otorga la manifestación del Espíritu para común utilidad"(1 Cor. 12, 7). Estos carismas, tanto los extraordinarios como los más comunes y difundidos, deben ser recibidos con gratitud y consuelo, porque son muy adecuados y útiles a las necesidades de la Iglesia...[11]*

---

10   Discurso del Santo Padre Juan Pablo II, Reunión con los Movimientos Eclesiásticos y Nuevos Comités, 30 de mayo de 1998, No. 4, Vaticano. Va.

11   Concilio Vaticano II, Constitución Pastoral de la Iglesia, Lumen Gentium, no. 12, en el libro, *The Conciliar and Post Conciliar Documents* por Austin Flannery, Vol. 1, Vatican Council II (New York: Costello, 1998), pág. 363

El Vaticano II estableció la base para la renovación en el Espíritu Santo. En 1967, apenas dos años después del concilio, un grupo de estudiantes y profesores de la Universidad Duquesne se fueron a un retiro y empezaron a rezar por una nueva efusión del Espíritu Santo. Muchos estudiantes señalaron haber tenido una experiencia similar a la de los apóstoles en el cenáculo, Patti Gallagher Mansfield, una de las estudiantes presentes en el retiro recuerda, "Algunos se reían, otros lloraban. Algunos rezaban en lenguas, otros (como yo) sentimos una sensación caliente que venía a través de nuestras manos... Literalmente tropezamos con las gracias carismáticas de la profecía, el discernimiento de espíritus y la curación."[12]

Estos hechos se propagaron, y el movimiento creció y pronto se conoció como la Renovación Carismática Católica. Más de 150 millones de católicos en el mundo entero han compartido este encuentro extraordinario con el Espíritu Santo. El año 2017 marcará su cincuentavo aniversario.

En último medio siglo, la Iglesia ha respondido a la necesidad de más catequesis y recursos para guiar a los fieles católicos en la vida del Espíritu Santo. La combinación de nuevas encíclicas, cartas y documentos de la jerarquía, ayudan a los fieles católicos a tener un mejor entendimiento de lo que significa participar en la vida del Espíritu Santo, así como, una respuesta ortodoxa a la efusión del Espíritu Santo.

En el año 2004, durante la víspera de Pentecostés, el Papa San Juan Pablo II, declaró,

---

[12] Patti Gallagher Mansfield, "The Duquesne Weekend", Renovación Carismática Católica de Nueva Orleans, ccrno.org.

"*Gracias al Movimiento Carismático, una multitud de cristianos, hombres y mujeres, jóvenes y adultos han redescubierto Pentecostés como una realidad en sus vidas diarias. Espero que la espiritualidad de Pentecostés se difunda en la iglesia como un nuevo incentivo a la oración, santificación, comunión y proclamación.*"[13]

¿Estás listo para responder al pedido del Papa San Juan Pablo II y así ayudar a la expansión de la espiritualidad de Pentecostés en la Iglesia?

Reflexiona. Recibe. Responde.

- ¿De qué maneras ha estado activo el Espíritu Santo en la Iglesia a través de la historia?
- ¿Cuáles son algunas de las razones de la reducción en la actividad del Espíritu Santo entre los laicos?
- ¿Cuál ha sido tu experiencia personal con los carismas del Espíritu Santo?

---

13 Papa San Juan Pablo II, Homilía, Celebración de la Primera Víspera de Pentecostés., No. 3, 29 de mayo del 2004, Vaticano. Va.

1.2

LOS CARISMAS DEL ESPÍRITU

Ahora hermanos, les recordaré lo siguiente respecto a los dones espirituales. (1 Corintios 12, 1).

Antes que Jesús ascendiera a cielo, Él prometió, "Pero es verdad lo que les digo: les conviene que yo me vaya… Yo me voy, y es para enviárselo. Cuando venga él, rebatirá al mundo en lo que toca al pecado, al camino de la justicia y al juicio" (Juan 16, 7-8).

"Aquel" a quien Jesús se refería era la Tercera Persona de la Santísima Trinidad, el Espíritu Santo. Sin embargo, no era la intención de Jesús que el Espíritu Santo hiciera su gran trabajo independientemente de su Iglesia. Dios desea y motiva nuestra participación en la historia de la salvación. Una de las maneras en las que podemos participar es recibiendo al Espíritu Santo a través del bautismo y luego permitiéndole a Dios despertar los carismas del Espíritu Santo dentro de nosotros para la edificación de su Iglesia.

¿Qué es un Carisma?

La Iglesia define **carisma** como "gracias del Espíritu Santo, que tienen directa o indirectamente una utilidad eclesial; los carismas están ordenados a la edificación de la Iglesia, el bienestar de los hombres y las necesidades del mundo."[14] Los carismas son a menudo referidos como "dones del Espíritu Santo".

> ...*Existen...gracias especiales, también llamadas carismas, derivado del término Griego utilizado por San Pablo que significa "favor", "regalos gratis", "beneficio". Cualquiera sea su característica –a veces es extraordinario, tal como el don de milagros o de lenguas—los carismas están orientados hacia la gracia santificante y existen para el bien común de la Iglesia. Están al servicio de la caridad que edifica la Iglesia.*[15]

Existen dos tipos de dones del Espíritu Santo: personal y carismático. El don **personal** está orientado a la santificación del individuo,[16] mientras que los dones **carismáticos** están orientados al bienestar de la comunidad. En este curso, nos vamos a enfocar en los dones carismáticos. El **don carismático** puede definirse como una "manifestación del poder y la presencia de Dios entregada libremente para honor y gloria de Dios y para el servicio de otros."[17]

---

14 Catecismo de la Iglesia Católica 799.
15 Catecismo de la Iglesia Católica, 2003. Ver Vaticano II, *Lumen Gentium* 12; 1 Corintios 12.
16 Los dones personales santificantes son sabiduría, inteligencia, ciencia, consejo, fortaleza, piedad y temor de Dios (ver Isaías 11:2-3).
17 Mons. Vincent Walsh, *A Key to Charismatic Renewal in the Catholic Church* (Merion, Pa.: Key of David, 1976), pág. 43.

Una de las bellezas de esta definición es la amplitud y el alcance de las gracias incluidas y enumeradas entre los carismas del Espíritu Santo. Los carismas más populares varían desde la administración y hospitalidad hasta la profecía y curación.

Los Nueve Dones del Espíritu Santo

Entre los varios dones del Espíritu Santo, San Pablo enumera nueve dones como ministerios **regulares** que deberían estar presentes en toda iglesia local. En su libro *A Key to the Charismatic Renewal in the Catholic Church*, el Monseñor Vicent Walsh expone:

> *Él (San Pablo) se dio cuenta que el Espíritu Santo se manifestaba regularmente en estas nueve maneras. San Pablo quería que los cristianos antiguos estuvieran familiarizados con estas manifestaciones regulares, que aprendieran acerca de ellas, que las esperaran y les cedieran el paso a todos ellas. De hecho, él quería que los nueve dones estuvieran presentes en cada comunidad cristiana. La ausencia de estos dones podría significar cierta debilidad en el poder de la Iglesia.*[18]

El Monseñor Walsh organiza los nueve dones de la siguiente manera:[19]

Dones de Palabra (El Poder de Decir)

Don de Lenguas: Mediante el cual la persona entrega un mensaje de Dios para la comunidad presente, en un idioma desconocido para dicha persona.

---

18 Walsh, pág. 44.
19 Walsh, págs. 43-44.

Don de Interpretación: Mediante el cual la persona, después del don de lenguas, proporciona el significado general de lo que se ha dicho, o una respuesta a lo que se ha dicho. La Interpretación también puede utilizarse en privado en conjunto con el don de oración en lenguas.

Don de Profecía: Mediante el cual la persona da un mensaje de Dios en el idioma de la comunidad o de un individuo.

Dones de Señales (El Poder de Hacer)

Don de Fe: El cual le permite a una persona que en un momento dado crea y le pida ayuda al poder de Dios con una seguridad que excluye toda duda.

Don de Curación: El cual permite que una persona sea un instrumento de Dios para traer bienestar a otra persona, en uno o diferentes aspectos ya sea espiritual, psicológico o físico.

Don de Milagros: El cual le permite a una persona ser un instrumento de Dios ya sea en una curación instantánea o cualquier otra manifestación poderosa del poder de Dios.

Dones Intelectuales (El Poder del Conocimiento)

Palabra de Sabiduría: A través del cual Dios otorga a una persona el conocimiento del plan de Dios en una situación específica, y puede verbalizar dicho conocimiento en forma de consejo u orientación.

Palabra de Conocimiento: En el cual se concede a una persona el conocimiento de un misterio divino o un aspecto de la relación entre el hombre y Dios, y tiene la capacidad de colocarlo en una palabra que le ayuda a otros a entender el misterio.

Don de Discernimiento: Mediante el cual una persona puede conocer el origen de una inspiración o acción, ya sea que haya venido del Espíritu Santo, (de) su propio espíritu humano o de un espíritu maligno.

Elementos Característicos de los Dones Carismáticos

Estos nueve dones comparten elementos característicos. Es útil referirse a estos elementos para discernir si un don es verdaderamente carismático.

1. El don se concede al individuo libremente.
2. A pesar de que el individuo puede utilizar un carisma con frecuencia, el individuo no posee el poder de ese don por sí mismo.
3. El don siempre se utiliza con el consentimiento total del individuo.
4. El don propicia el honor y la gloria de Dios.
5. El don es para el servicio de otros.
6. El don es sobrenatural.

Expandiendo de una forma más extensa sobre estos elementos característicos:

El don se concede al individuo libremente. Un individuo no puede comprar, heredar o ganarse estos dones. El Espíritu Santo concede libremente todos los dones al individuo. "Desde el comienzo…el bautismo en el Espíritu ha sido dado como un don propio de Dios, independiente de cualquier mérito o actividad humana."[20]

A pesar de que el individuo puede utilizar un carisma con frecuencia, el individuo nunca podrá poseer el poder de ese don por sí mismo. Un individuo no puede poseer un don carismático, en cierto sentido, dones no es la mejor palabra para expresar la acción de Dios. Los carismas son "maneras en la cuales Dios se manifiesta regularmente a través de un individuo." Por lo tanto, a veces es mejor decir que "una persona 'cede' a un don, en lugar de decir que 'tiene' un don."[21]

El don siempre se utiliza con el consentimiento total del individuo. Hasta en las manifestaciones más intensas y extraordinarias de un carisma, el individuo retiene su libre albedrio.

El don propicia el honor y la gloria de Dios. Los dones del Espíritu Santo no nos traen honor a nosotros mismos, sino que propician el honor a Dios. Una manera de saber si un don es falso o existe abuso de un don verdadero, es cuando el individuo lo utiliza para atraer la atención hacia sí mismo y distraer nuestra atención de Dios.

El don es para el servicio de otros. Dios concede sus carismas para ayudar a la edificación de Su Iglesia. "Estos carismas se entienden como dones no principalmente para quien lo recibe, sino para la edificación de la Iglesia y el trabajo de evangelización."[22]

---

[20] Doctrinal Commission of International Catholic Charismatic Renewal Services (IC-CRS), *Baptism in the Holy Spirit* (Locust Grove, Va.: NSC Chariscenter: 2012), pág. 14.
[21] Walsh, pág. 49.
[22] ICCRS, pág. 20.

El don es sobrenatural. El don del Espíritu Santo no es parte de nuestros talentos y habilidades naturales. "Los dones del Espíritu Santo no son solamente dotes naturales o habilidades adquiridas, sino dones sobrenaturales que nos permiten hacer algo que es humanamente imposible (tales como, la curación o milagros) o aumenta un talento natural a un nivel de eficacia sobrenatural."[23]

♦ Reflexiona. Recibe. Responde.

- ¿Qué carismas te gustan más?
- ¿Alguna vez has estado con alguien mientras utilizaba uno de los nueve carismas? ¿Qué te pareció esa experiencia?

---

[23] ICCRS, pág. 45.

1.3

LA EFUSIÓN DEL ESPÍRITU SANTO

"Hoy, a todos vosotros, reunidos en la plaza de San Pedro, y a todos los cristianos quiero gritar: ¡Abríos con docilidad a los dones del Espíritu! ¡Acoged con gratitud y obediencia los carismas que el Espíritu concede sin cesar!"

—*Papa San Juan Pablo II*[24]

Definición de Efusión

Historias tales como la de los cristianos en Mozambique siempre despiertan dentro de los fieles un deseo de compartir experiencias similares. La presencia del Espíritu Santo no sólo se otorga libremente y está disponible para cada miembro de la comunidad cristiana, sino que es una promesa de Dios Padre. "En una ocasión

---

24 Papa San Juan Pablo II, Discurso del Congreso Mundial de Movimientos Eclesiásticos y Nuevas Comunidades, No. 5, 3 de junio de 1998, Vaticano. Va.

en que estaba reunido con ellos les dijo que no se alejaran de Jerusalén y que esperaran lo que el Padre había prometido. Ya les hablé al respecto, les dijo: Juan bautizó con agua, pero ustedes serán bautizados en el Espíritu Santo dentro de pocos días." (Hechos 1, 4-5).

La Comisión Doctrinal Internacional de los Servicios de Renovación Carismática Católica (ICCRS) expone: "Cuando el Espíritu Santo fue llamado "la promesa del Padre", Jesús nos dijo que la venida del Espíritu era el cumplimiento definitivo de las promesas de Dios (ver Ezequiel 36, 27: Joel 2, 28-29), la culminación de su misión mesiánica."[25] San Pablo anima a los fieles a reconocer que ellos están incluidos en esta promesa: "Busquen el amor y aspiren a los dones espirituales" (1 Corintios 14, 1).

> ¿Qué es la efusión del Espíritu Santo?
> "Un acto interno religioso (o experiencia de oración) en el cual el individuo experimenta a Cristo resucitado de una manera personal. Esta experiencia es el resultado de cierta 'liberación' de los poderes del Espíritu Santo, usualmente ya presentes dentro del individuo mediante el Bautismo y la Confirmación." —Mons. Vincent Walsh

Por lo tanto, si los dones son para todos, y fueron prometidos por el Padre, ¿cómo los recibimos? En realidad, la respuesta es muy simple: Un individuo recibe la presencia del Espíritu Santo por virtud de su Bautismo y Confirmación.[26] Si un cristiano ha recibido estos sacramentos, el Espíritu Santo ya mora en él.

A pesar de que los sacramentos del Bautismo y la Confirmación le otorgan al individuo el don de la presencia del Espíritu Santo,

---

25 ICCRS, pág. 34
26 Nota: Es posible que un individuo reciba la efusión del Espíritu Santo antes de su bautizo; sin embargo, esto debería guiar a dicha persona a bautizarse sacramentalmente. Por ejemplo: El Gentil Cornelius y su familia experimentaron una efusión plena del Espíritu, y Pedro reaccionó bautizándolos inmediatamente en la comunidad cristiana (ver Hechos 10:44-48).

"muchos poderes asociados con la presencia del Espíritu Santo permanecen atados, sin ser utilizados. La 'liberación del poder del Espíritu' significa que los efectos plenos de los sacramentos se llevan a cabo, ya que el Espíritu guía al cristiano hacia una nueva vida de oración, de perspectiva y comportamiento."[27]

Existen muchos nombres y términos coloquiales para la efusión del Espíritu Santo, los cuales incluyen el Bautismo del Espíritu, flujo del Espíritu, despertar del Espíritu y otros. Para propósito de este curso, nos referiremos a esta experiencia como la "efusión del Espíritu Santo."

> *"Espero que compartan con todos en la Iglesia la gracia del Bautismo en el Espíritu Santo."* —Papa Francisco en la 37ava. Convocación de Renovación, 1ro. De Junio del 2014

Recibir la Efusión del Espíritu Santo

Por lo tanto, seres benditos, para quienes la gracia de Dios espera, cuando vengan del baño más sagrado de su nuevo nacimiento, cuando alcen las manos por primera vez en la casa de tu madre (la Iglesia) con tus hermanos, pídele a tu Padre, pídele a tu Señor el don especial de su herencia, la distribución de carismas, la cual forma una característica adicional subyacente (del bautismo). "Pide", dice él, "y recibirás." De hecho, has buscado y se te ha dado.

—*Tertulian, El Bautismo*[28]

---

27   Walsh, pág. 24.
28   "Igitur benedicti quos gratia dei expectat, cum de illo sanctissimo lavacro novi natalis ascenditis et primas manus apud matrem cum fratribus aperitis, petite de patrem petite de domino, peculia fatiae distributiones charismatum subiacere:petite et acceipietis inquit; quaesistis enim et invenistis, pulsastis et apertum est nobis."On Baptism 20

Ya que el Espíritu Santo está presente en la persona bautizada y confirmada, Él puede "despertar" en cualquier momento y bajo cualquier circunstancia. La efusión ocurre ya sea en privado o en público.

Durante una efusión privada, el cristiano, durante oración personal, experimenta un despertar del Espíritu. Esto ocurre ya sea espontáneamente o después de haber solicitado intencionalmente al Espíritu Santo que despierte sus carismas. Por ejemplo: durante una hora santa de adoración privada, Suzie siente un deseo inexplicable de hablar, y cuando ella lo hace, siente un poder sobrecogedor del Espíritu Santo y se da cuenta que está rezando en lenguas.

En una efusión pública, el individuo está rodeado de los miembros de una comunidad que rezan específica e intencionalmente por la efusión del Espíritu en la vida de la persona. En el libro "A Key to the Charismatic Renewal in the Catholic Church, el Monseñor Walsh describe una efusión publica típica:

> *Miembros de la comunidad normalmente le imponen las manos como un gesto fraternal (a pesar de que esto no es absolutamente necesario). El líder dice una oración de liberación, seguido por una petición para que...la persona perciba todos los efectos devocionales y carismáticos.*[29]

Dicho sencillamente, para que el cristiano reciba la efusión del Espíritu Santo, ya sea a solas o en comunidad, debe simplemente pedírselo a Dios y creer que Dios ha respondido a su petición. "Debemos tener fe de que, si la persona tiene la debida disposición, ya recibió el Bautismo (efusión) del Espíritu Santo y no necesita pedirlo en oración nuevamente."[30]

---

29 Walsh, pág. 29.
30 Walsh, pág. 30.

Esperando la Promesa del Padre

Existen signos que normalmente acompañan una efusión del Espíritu Santo:
- La aparición del don de lenguas u otros carismas
- Una necesidad profunda por la oración
- El deseo que leer las Sagradas Escrituras
- Poder sobre el pecado y malos hábitos
- Desprendimiento de las cosas materiales
- Aumento en la unión con Dios

Puede que un individuo no experimente todos estos signos. Es más, posiblemente no experimente ninguno de ellos. Esto puede causar desilusión y hasta dudas de la eficacia de su oración. En tales circunstancias es bueno recordar lo que Jesús les dijo a sus apóstoles en Hechos 1, 4, que esperen la promesa del Padre.

Con este llamado a "esperar" Jesús nos demuestra que la venida del Espíritu no está bajo control humano. La voluntad de Dios derrama su Espíritu cuando y donde Él lo desea. "Los Hechos describen a los 120 discípulos reunidos en el cenáculo, esperando recibir al Espíritu Santo a través de la perseverancia en la oración."[31] El cristiano ansioso por recibir los carismas del Espíritu Santo puede seguir el ejemplo de aquellos en el Cenáculo, permaneciendo en estado de gracia, yendo a una buena confesión y perseverando en oración.

> *Ahora, cuando imponemos las manos, para que las personas puedan recibir al Espíritu Santo, ¿esperamos que hablen en lenguas? O cuando le impusimos las manos a estos infantes, se quedaron*

---

31 Walsh, pág. 34.

ustedes a la espera de ver si ellos hablaban en lenguas, y cuando vieron que no hablaron en lenguas, estaban algunos de ustedes tan equivocados para decir, Estos no han recibido el Espíritu Santo; porque si ellos lo hubieran recibido hablarían en lenguas como ocurrió en aquellos tiempos. Si la evidencia de la presencia del Espíritu Santo no se da a través de estos milagros, entonces ¿cómo puede uno saber que ha recibido el Espíritu Santo? Permítanle examinar su propio corazón. Si el ama a su hermano, el Espíritu Santo mora en él.[32]

◊ Reflexiona. Recibe. Responde.

- ¿Has rezado por la efusión del Espíritu Santo en tu vida? ¿Porqué o por qué no?
- ¿Cómo animarías a un amigo o familiar a rezar por la efusión del Espíritu Santo?

---

32 San Agustín de Hipona, Homilía de la Primera Carta de Juan, en Schaff, pág. 498.

1.4

CRECIENDO EN EL ESPÍRITU

Ustedes son el cuerpo de Cristo, y cada uno en su lugar es parte de él. En primer lugar, están los que Dios hizo apóstoles en la Iglesia; en segundo lugar los profetas; en tercer lugar los maestros; después vienen los milagros; luego el don de curaciones, la asistencia material, la administración en la Iglesia y los diversos dones de lenguas. (1 Corintios 12, 27-28).

Así como hay tantas maneras de vivir y caminos hacia la santificación para los católicos (el matrimonio, sacerdocio, vida religiosa, etc. etc.), existen también muchas maneras en las que un individuo puede crecer en los dones del Espíritu Santo. Abajo mostramos una sugerencia para el crecimiento espiritual personal.

Ciclo de Crecimiento Espiritual

PREPARAR

PRACTICAR   IDENTIFICAR

APRENDER

Preparar

Piensa en el agricultor: Antes que el agricultor pueda salir a plantar su cultivo, debe preparar la tierra para que las semillas puedan tener la mejor oportunidad de crecer. Así también es con los carismas del Espíritu Santo en la vida de los fieles. Las semillas plantadas en buena tierra tendrán raíces y producirán frutos al ciento por uno (ver Marcos 4, 18). Para asegurar el crecimiento continuo en un carisma, el individuo debe preparar la tierra de su alma constantemente.

Para **preparar** tu alma, toma en cuenta las siguientes sugerencias:
1. Esfuérzate por permanecer libre de pecado y en estado de gracia. Evita las tentaciones, anda a confesarte regularmente, renuncia a actividades ocultas.
2. Participa en la vida sacramental de tu Iglesia. Recibe la Eucaristía a menudo.
3. Cultiva una vida de oración diaria.
4. Reza constantemente con otros, especialmente con aquellos que también están buscando crecer en los dones del Espíritu Santo.
5. Ora a Dios pidiéndole los dones del Espíritu Santo.
6. Obedece los llamados del Espíritu Santo.

Identificar

Cuando deseamos crecer en los dones del Espíritu Santo, es bueno saber/identificar en qué dones deseamos crecer. ¿Cómo podemos crecer en ese don, si no sabemos qué don es?

A veces el movimiento del Espíritu Santo es tan dramático que es obvio que un carisma existe. En otras ocasiones, el movimiento del Espíritu es sutil, y pasa hasta por desapercibido. O, tal vez por falta de conocimiento, el individuo desconoce que está actuando en un carisma.

En los casos en que es difícil discernir un carisma, puede ser beneficioso consultar una lista de los carismas o hacer una prueba (por ejemplo: "Spiritual Gifts Inventory" por Sherry Weddell) y pedir consejo a un director espiritual confiable.[33]

Aprender

Después de identificar el carisma en el cual uno quiere crecer, aprende todo lo que puedas acerca de dicho carisma. Especialmente, qué nos enseña la Iglesia acerca de este carisma y cómo practicarlo dentro de las enseñanzas y tradiciones de la Iglesia.

Practicar

No existe una manera definitiva de empezar a utilizar un carisma, y la Iglesia no nos ofrece una guía a prueba de errores. La mayor parte de la experiencia del individuo con el Espíritu Santo crecerá a través de una mezcla de educación y pruebas y errores. Aquí te presentamos algunas sugerencias:

1. *Experimenta a fondo con el don, utilizándolo.* Por ejemplo: si el don es curación, ofrece rezar por enfermos; si el don es administración, ofrece ayudar en la coordinación de un evento parroquial.
2. *Busca a otros que tengan este don.* Reza con ellos, aprende de ellos, y comparte tu experiencia con ellos. "El fierro aguza el fierro; uno se afina en contacto con el prójimo" (Proverbios 27, 17).

---

[33] Ver *The Catholic Spiritual Gifts Inventory: Helping Catholics Succeed at a Primary Discipline of the Christian Life* por Sherry Weddell (Colorado Springs: Siena, 1998).

3. ***Examina tu experiencia interior mientras practicas el don.*** Préstale atención en particular a los frutos del Espíritu: paz, alegría, caridad, paciencia, bondad, generosidad, amabilidad, dulzura, control propio, modestia y castidad.
4. ***Evalúa tu efectividad.*** ¿Qué está sucediendo cuando rezas? ¿Se está manifestando el carisma efectivamente?
5. ***Analiza las respuestas de otros.*** Pide consejo a tu director espiritual y líderes religiosos. Pide retroalimentación de aquellos con quienes rezas.
6. ***Mantente en obediencia.*** El Espíritu Santo estableció las funciones de la Iglesia y no funcionará en contradicción con ella. "Y si una familia está con divisiones internas, esa familia no podrá subsistir" (Marcos 3, 25). Los dones del Espíritu Santo deberán utilizarse de la manera aceptada y acorde con las enseñanzas de la Iglesia.

Sobre todo, sé paciente y persevera. Así como toma años para que un tallo se convierta en un árbol grande, así puede tomar mucho tiempo para que los carismas del Espíritu Santo se manifiesten completamente en un individuo. Como lo indicó Hilary de Poitiers en sus escritos, "Empezamos a comprender los misterios de la fe, podemos profetizar y hablar con sabiduría. Nos comportamos en forma muy resuelta en la esperanza y recibimos los dones de curación... Estos dones entran en nosotros como una lluvia fina. Poco a poco producen frutos abundantes."[34]

---

34   Hilary de Poitiers, *Tract on Psalms 64:15*, como citado en McDonnell and Montague, pág. 17.

♦ Reflexiona. Recibe. Responde.

- ¿De qué manera estas preparando tu alma para recibir los dones del Espíritu Santo?
- ¿Cuán importante es la obediencia a la Iglesia para el crecimiento de los dones del Espíritu? ¿En qué áreas de tu vida estas manteniéndote en obediencia con la Iglesia? ¿En qué áreas estas desobedeciendo?

práctica
PARA EL CAPÍTULO 1

ejercicio 1

REZANDO PARA LA EFUSIÓN DEL ESPÍRITU SANTO

Instrucciones

Lo mejor es tener un equipo de intercesores disponibles para rezar con los estudiantes; sin embargo, oraciones sencillas de parte de los estudiantes son suficientes. Si el individuo no quiere acercarse a participar en un grupo de oración, él o ella podrán completar el ejercicio individualmente.

Primer Paso

Permítales a los estudiantes cinco minutos para prepararse en forma individual para la sesión de oración. Las siguientes preguntas pueden ayudar al estudiante a prepararse:
- ¿Creo en el Espíritu Santo?
- ¿Creo que recibí al Espíritu Santo en mi Bautismo y fui marcado con el Espíritu Santo en mi confirmación?
- ¿Creo que el Espíritu Santo puede moverse a través de los fieles de la Iglesia
- ¿Qué carisma o don del Espíritu Santo me atrae más?

Segundo Paso

Permita que los estudiantes, pasen uno-por-uno al frente a recibir una oración. Solicite al equipo de oración que le pida a Dios, en forma calmada y ordenada, una efusión mayor del Espíritu Santo en la vida del estudiante. Pídale al estudiante que también lo pida verbalmente.

Tercer Paso

Cuando el estudiante termine con el tiempo asignado para rezar, permítale que rece en silencio, escriba en su diario o se una al grupo de oración para rezar por otro estudiante.

Cuarto Paso

Reúnanse en grupo para compartir y discutir.

Notas:
___
___
___
___
___
___
___
___

capítulo 2

EQUIPOS DE ORACIÓN INTERCESORA

2.1

EL PODER DE LA ORACIÓN

Por eso les digo: todo lo que pidan en la oración, crean que ya lo han recibido y lo obtendrán. (Marcos 11, 24).

Santa Escolástica, la hermana de San Benedicto, había sido consagrada a Dios a muy temprana edad. Ella estaba acostumbrada a visitar a su hermano una vez al año. Él venía a darle el encuentro en un lugar, propiedad del monasterio, no muy lejos de la entrada.

Un día, ella vino a visitarlo, como era su costumbre y su hermano llegó con algunos de sus discípulos; pasaron todo el día dando gloria a Dios y hablando de temas sagrados. Cuando llegó la noche cenaron juntos. Su conversación espiritual continúo hasta que se hizo tarde. La santa religiosa le dijo a su hermano: "Por favor no me dejes esta noche; sigamos hasta el amanecer hablando de los deleites de la vida espiritual." "Hermana", le respondió, "¿Qué estás diciendo? Yo simplemente no puedo quedarme fuera de mi celda."

Cuando escuchó a su hermano negar su pedido, la santa mujer juntó sus manos sobre la mesa, inclinó su cabeza sobre ellas y empezó a rezar. En el momento en que ella levantaba la cabeza de la mesa, empezaron a caer rayos con luces muy brillantes, era tal el bullicio de truenos y tan fuerte el aguacero que ni Benedicto ni sus compañeros podían cruzar la entrada del lugar donde habían estado sentados. Tristemente, él se lamentó: "Que Dios te perdone, hermana, ¿Qué has hecho?". "Bueno", ella le respondió, "Yo te lo pedí, pero tú no me escuchaste; así que se lo pedí a mi Dios, y Él si me escucho. Así que ahora, vete si puedes, déjame y regresa a tu monasterio." Renuente a quedarse por su propia decisión, se quedó en contra de su voluntad. Así terminaron quedándose despiertos toda la noche, absortos en su conversación sobre la vida espiritual.

No fue una sorpresa que ella fuera más efectiva que él, ya que como Juan dice, Dios es amor. Era absolutamente justo que ella pudiera más, porque ella lo amaba más.

Tres días después, Benedicto estaba en su celda. Mirando hacia el cielo, vio el alma de su hermana dejar su cuerpo en forma de paloma, y volar hacia los lugares secretos del cielo. Alegrándose de su gran gloria, le dio las gracias a Dios todopoderoso con himnos y palabras de alabanza. Luego, envió a sus hermanos a traer su cuerpo al monasterio para enterrarla en la tumba que había preparado para él mismo.

Sus mentes siempre habían estado unidas en Dios, sus cuerpos compartirían una misma tumba.[35]

---

35 Pasaje del libro de Santo Gregorio el Grande, Dialogues, libro. 2, capítulo 33, "*Of a Miracle Wrought by His Sister Scholastica.*"

⸙ Reflexiona. Recibe. Responde.

- ¿Cuándo fue la última vez que rezaste para que Dios interviniera de una manera milagrosa?
- ¿Qué piensas hizo que la oración de Santa Escolástica fuera más efectiva?

2.2

DEFINIENDO ORACIÓN

No se inquieten por nada; antes bien, en toda ocasión presenten sus peticiones a Dios y junten la acción de gracias a la súplica. Y la paz de Dios, que es mayor de lo que se puede imaginar, les guardará sus corazones y sus pensamientos en Cristo Jesús. (Filipenses 4, 6-7).

De acuerdo con San Juan Damasceno, la oración es "la elevación del alma a Dios o la petición a Dios de bienes convenientes."[36] Existen muchas formas de rezar (por ejemplo: la meditación, oración verbal y contemplación), y hay muchas razones para rezar (agradecimiento, adoración, contrición y súplica). Ciertas oraciones están reservadas para aquellos que ocupan ciertos cargos (tales como la Oración Eucarística, reservada para los

"Yo ruego por ellos. No ruego por el mundo, sino por los que son." —Juan 17, 9

---

[36] San Juan Damasceno, De Fide Orthodoxa 3, 24: Pág. 94, 1089C, como aparece en el Catecismo 2559.

sacerdotes), hay otras oraciones disponibles para cualquier persona (por ejemplo: el rosario y el Divino Oficio), y algunas oraciones están reservadas para las diferentes estaciones o celebraciones de la Iglesia (bendiciones bautismales y bendiciones de hogares, por ejemplo).

En resumen, la oración es diversa, fluida y viva; sin embargo, hay un sólo Espíritu que une a todas ellas:

"¿Qué es esta oración [contemplativa]?... "No es otra cosa oración mental, a mi parecer, sino tratar de amistad, estando muchas veces tratando a solas con quien sabemos nos ama." —Santa Teresa de Ávila, Catecismo 2709

> El Espíritu Santo, cuya unción impregna todo nuestro ser, es el Maestro interior de la oración cristiana. Es el artífice de la tradición viva de la oración. Ciertamente hay tantos caminos en la oración como orantes, pero es el mismo Espíritu el que actúa en todos y con todos. En la comunión en el Espíritu Santo la oración cristiana es oración en la Iglesia.[37]

"Para mí, la oración es un impulso del corazón, una sencilla mirada lanzada hacia el cielo, un grito de reconocimiento y de amor tanto desde dentro de la prueba como en la alegría." —Santa Teresa del Niño Jesús, Catecismo 2558

En este capítulo, el estudiante aprenderá qué es la oración intercesora y cómo los cristianos somos llamados a participar con el Espíritu Santo en la buena obra de orar por otros.

Oración Intercesora

El Evangelio de Marcos nos narra la famosa historia del paralítico:
> Como no podían acercarlo a Jesús a causa de la multitud, levantaron el techo donde él estaba y por el boquete bajaron al enfermo en

---

37 Catecismo de la Iglesia Católica 2672.

DEFINIENDO ORACIÓN

> su camilla. Al ver la fe de aquella gente, Jesús dijo al paralítico: «Hijo, se te perdonan tus pecados.» (Marcos 2, 4-5).

Lo que hace esta historia tan relevante para la oración intercesora es la última línea, "Cuando Jesús vio la fe, él le dijo al paralitico, 'Hijo, se te perdonan tus pecados.'" La curación del paralitico no fue causada por su propia voluntad. El paralítico no vino a Jesús por su cuenta. El paralítico necesitaba ayuda y sus amigos; necesitaba una comunidad. Fue la fe de ellos, la fe de sus amigos, que llevo a Jesús a decir, "Hijo, tus pecados han sido perdonados."

> *"En esta unión íntima (oración), Dios y el alma están tan juntos como dos pedazos de cera que nunca nadie puede separar."* —San Juan Vienne, Catechetical Instructions

Nosotros a veces nos paralizamos por diferentes heridas o pecados. Al igual que el paralítico en la historia del Evangelio, no podemos venir a Jesús por nosotros mismos. En estos casos, los equipos de oración intercesora pueden ser como los amigos del paralítico que lo trajeron a Jesús.

¿Qué quiere decir oración intercesora? El Catecismo de la Iglesia Católica define la intercesión como "una oración de petición que nos conforma muy cerca con la oración de Jesús."

> *Él es el único intercesor ante el Padre en favor de todos los hombres, de los pecadores en particular (ver Romanos 8, 34, 1 Juan 2, 1; 1 Timoteo 2, 5-8)…El propio Espíritu Santo "intercede por nosotros…y su intercesión a favor de los santos es según Dios a la voluntad de Dios". (Romanos 8, 26-27).*[38]

---

38   Catecismo de la Iglesia Católica 2634.

Intercesión es pedirle a Dios en favor de otra persona.

> *...La intercesión implica que la persona no puede o no quiere pedirle a Dios por sí mismo (Romanos 8, 26) y que el Señor a veces nos permite rezar en representación de otros. La oración intercesora hace sentido porque Dios nos ha dado autoridad (Génesis 1, 28) que no usurpará, y porque Él no suele forzar sus bendiciones sobre nosotros. No recibimos porque no pedimos (Santiago 4, 3). La intercesión es a menudo la diferencia entre la vida y la muerte, la guerra y la paz, la curación o la enfermedad, el éxito o el fracaso.*[39]

> *"No lloréis, os seré más útil después de mi muerte y os ayudaré más eficazmente que durante mi vida."*
> —Santo Domingo citado en el Catecismo de la Iglesia Católica 956

Rezar en nombre de otros era una práctica de las comunidades de los primeros cristianos. Ellos intercedían "por todos los hombres, por [...] todos los constituidos en autoridad" (1 Timoteo 2, 1-2), por los perseguidores, por la salvación de aquellos que rechazaban el Evangelio."[40] Los líderes de nuestra Iglesia todavía reconocen la importancia de la oración intercesora. En el aniversario del primer año de su elección, el Papa Francisco se puso de pie frente a la gran multitud de gente y les pidió "que recen por mí para que el Señor me bendiga—la oración del pueblo por su Obispo."[41]

---

[39] Presentation Ministries, folleto "*Ten Commandments of Intercession* (Cincinnati: Presentation Ministries, 2015) presentationministries.com.
[40] Catecismo de la Iglesia Católica 2636.
[41] El Papa Francisco, como citado en el artículo del Huffington Post: "El Papa Francisco Pide en Primer Aniversario: 'Por favor Recen por Mí,'": 13 de marzo de 2014, huffingtonpost.com.

Tiene mucho sentido que esta práctica prevalezca desde los tiempos de la Iglesia antigua hasta la actualidad, porque es un anticipo del cielo. La Iglesia nos enseña, "Por el hecho de que los de cielo están más íntimamente unidos con Cristo, consolidan más firmemente a toda la Iglesia en la santidad ...(ellos) no dejan de interceder por nosotros ante el Padre."[42] Por lo tanto, la oración intercesora podría llamarse uno de los ministerios fundamentales de la Iglesia.

> *...Jesús vive constantemente intercediendo por nosotros (Hebreos 7, 25). Vivió una vida simple en Nazaret por treinta años y tuvo un ministerio público por tres años. Y ahora Él ha estado intercediendo por nosotros por casi dos mil años. Esto nos demuestra la importancia incalculable de la intercesión.*[43]

La oración intercesora se puede llevar a cabo de dos maneras: de forma remota o en persona.

- **Oración remota** es para alguien que no está en ese momento con nosotros.
- **Oración en persona** es en presencia de la persona que recibe la oración.

Nuestra Responsabilidad Colectiva

En la parábola de los talentos (ver Mateo 25, 14-30), aprendemos que cuando Dios nos da un talento, debemos invertir y utilizar dicho talento. Cuando somos fieles con lo poco que Dios nos ha

---

42   Catecismo de la Iglesia Católica 956, citando Lumen Gentium, 49.
43   Presentation Ministries.

dado, su respuesta es darnos más. "Porque al que produce se le dará y tendrá en abundancia, pero al que no produce se le quitara hasta lo que tiene" (Mateo 25, 29).

Los carismas son dones del Espíritu Santo. Cuando los utilizamos a través de la oración intercesora en persona, hacemos una declaración pública del trabajo salvador de Cristo y participamos en la vida misionera de la Iglesia. Estamos llamados a aceptar esta tarea, no con un espíritu tímido sino más bien con gran fe y entusiasmo misionero.[44]

> *Del mismo modo que Jesús ora al Padre y le da gracias antes de recibir sus dones, así también nos enseña esta audacia filial: "todo cuanto pidáis en la oración, creed que ya lo habéis recibido" (Marcos 11, 24). Tal es la fuerza de la oración, "todo es posible para quien cree" (Mc 9,23), con una fe "que no duda" (Mt 21,22). Tanto como Jesús se entristece por la "falta de fe" de los de Nazaret y la "poca fe" de sus discípulos, así se admira la "gran fe" del centurión romano y de la cananea (Marcos 6, 6; Mateo 8, 26; 8, 10; 15, 28).*

♦ Reflexiona. Recibe. Responde.

- ¿Cuál es la diferencia entre la oración intercesora y otros tipos de oración?
- ¿Cuándo has utilizado la oración intercesora en tus ministerios personales?
- ¿Cómo podrías rezar con más "audacia filial"?

---

[44] Catecismo de la Iglesia Católica 2610.

23

PASOS PARA LA ORACIÓN INTERCESORA EN PERSONA

Ante todo, recomiendo que se hagan peticiones, oraciones, súplicas y acciones de gracias por todos, sin distinción de personas (1 Timoteo 2, 1).

Los dones del Espíritu Santo se nos han dado para la edificación de la Iglesia y, por lo tanto; a menudo se manifiestan durante la oración intercesora en persona. Debido a que este tipo de oración involucra a otras personas, es importante estar debidamente preparado, tener una actitud pastoral y ser constantemente respetuoso de los corazones y almas de los individuos que reciben la oración.

A través de los años, la Iglesia ha establecido ciertas medidas salvaguardas, recomendaciones, reglas y directrices para la oración intercesora. Sin embargo, debido a que la oración es algo tan subjetivo (depende de la persona, cultura, tiempo y época), no existe una fórmula de intercesión reproducible que cubra todas las áreas y asuntos relacionados al tema. Tomando esto en consideración, las siguientes recomendaciones son las normas que aplican a los equipos de oración de "Arise".

Debemos recordar en todo momento que la meta de la oración intercesora es traer al individuo a una unión con Dios. La más alta expresión de esta unión es recibir los Sacramentos de la Iglesia, particularmente la Eucaristía. También se forja una unión mayor cuando el individuo experimenta consolación, liberación del demonio, un sentimiento de amor y del poder de Dios, así como el arrepentimiento.

Las Tres Fases

La oración intercesora puede dividirse en tres fases únicas:
1. Fase de Preparación
2. Fase de Oración
3. Fase de Seguimiento

Fase de Preparación

La oración intercesora en persona empieza mucho antes que cuando uno se reúne y empieza a rezar por otra persona. Nuestras vidas deben ser una continua preparación para la oración intercesora.

La sección 1.4 ofrece lineamientos generales de preparación personal para la vida en el Espíritu. Lo siguiente se suma a esa lista:

1. ***Permanece en estado de gracia:*** Si estas en estado de pecado mortal, amístate con la Iglesia. Confiésate regularmente y recibe la Eucaristía frecuentemente.

2. ***Ten una vida de oración:*** La oración diaria te prepara para los momentos de oración intercesora. Mantén una vida diaria de oración bien establecida y regular. El ayuno es también particularmente poderoso en la intercesión. Escoge algo de lo que puedas ayunar o abstenerte diariamente y ofrécelo por el ministerio de oración intercesora.[45]

3. ***Únete a un grupo de amigos o ministerio donde recen juntos regularmente:*** Estos grupos son especialmente eficaces porque son lugares seguros para descubrir, discernir y desarrollar nuevos dones espirituales, que pueden ser incorporados en un ministerio público de oración. Estos también son lugares donde tenemos que rendir cuentas a otras personas.

4. ***Analiza tu condición presente para discernir si Dios te llama a un ministerio de oración:*** ¿Actualmente estas sufriendo de algún trauma, adicción o una compulsión? Si es así, deja que la Iglesia te ayude durante este momento de necesidad. Este momento no es apropiado para pertenecer a un ministerio de oración público.

5. ***Toma en cuenta la higiene y apariencia personal:*** Si vas a estar cerca a otra persona, mantén un buen aliento, evita perfumes y colonias y mantén una apariencia personal limpia.

6. ***Pídeles a otros que intercedan por ti:*** Pídele a tus amigos, familiares y los santos que recen por ti y tu ministerio de oración.

---

[45] El ayuno no necesita ser de comida. Uno también puede abstenerse de actividades o comportamientos, tales como ver tu programa de televisión favorito.

Fase de la Oración

Cuando reces con otros, toma en cuenta estos diez pasos. Debes estar preparado para hacer alguna adaptación en base a la cultura, la disponibilidad de tiempo y tu alrededor.

LOS 10 PASOS

1. Reunión inicial
2. Haz preguntas
3. Pide permiso
4. Invita a la Presencia y Ofrece Alabanza
5. Espera que el Espíritu Dirija la Oración
6. Reza en el nombre de Jesús
7. Verifica los Resultados
8. Recibe la Bendición del Padre
9. Sella la Oración
10. Ofrece Alabanza, Honor y Gloria a Dios

Paso 1: Reunión Inicial

Establece una relación con la persona por quien vas a rezar y toma en cuenta el medio ambiente. Analiza: ¿Estas en un lugar seguro para rezar? ¿Este lugar es apropiado para la oración? ¿Tienes tiempo para rezar?

Si hay varias personas rezando por una persona, alguien debe ser asignado como el líder de la oración. Cuando rezas en un grupo de oración que incluye personas ordenadas, aquel que tenga el mayor rango debe tomar la posición de líder. Existen ciertas excepciones a esta directriz, en las cuales aquel que tenga el mayor rango debe ser el responsable de escoger un líder alternativo.

> *El líder deberá hacer las presentaciones iniciales, tales como: "Hola, encantado de conocerte. Me alegra que estés aquí hoy". Mi nombre es ____ y él/ella es ____ y ____. ¿Cuál es tu nombre? ¿De dónde eres? ¿Alguna vez alguien ha rezado por ti?"*

Paso 2: Haz Preguntas

Pregúntale al individuo por qué quiere que el equipo rece, y si está familiarizado con el Espíritu Santo. Averigua brevemente cual es la experiencia espiritual de dicha persona. Ten cuidado si sospechas que esta persona tiene algún tipo de asociación con prácticas satánicas o cualquier adicción o compulsión.

> *¿"Por qué quieres que pidamos/recemos en nuestra oración? ¿Alguna vez has pertenecido a un grupo de oración? ¿Cuál es tu formación espiritual? Cuéntanos de tu lesión; ¿cómo sucedió? ¿Has recibido oraciones o algún tratamiento para esto?*

Paso 3: Pide Permiso

Pide permiso para rezar por el individuo y para imponer las manos en él si piensas que esto puede ayudar. Si piensas que tu don de rezar en lenguas puede ser utilizado para ayudarte a ceder al Espíritu Santo, pide permiso a la persona para rezar en lenguas, antes que reces silenciosamente en dicha manera. Ver los lineamientos generales de esta sección (2.4) para obtener más información acerca de la imposición de manos y el uso de lenguas.

> *"¿Me permites rezar por ti? ¿Puedo poner mi mano en tu hombro? ¿Puedo rezar silenciosamente en lenguas?"*

Paso 4: Invita a la Presencia y Ofrece Alabanza

Comienza cada sesión de oración tomando conciencia de la presencia de Dios y dándole alabanzas a Dios. Dios está siempre presente; Él siempre está alrededor nuestro. Cuando rezamos, "Ven, Espíritu Santo", no le estamos pidiendo a un Dios que está lejos que venga, sino que estamos tomando conciencia de la presencia actual de Dios alrededor nuestro.

> *"Ven, Espíritu Santo ven," "Jesús te agradecemos y alabamos por el don de ____." "Señor mío gracias por tu bondad. Tu eres Santo, tu eres fiel."*

Paso 5: Espera que el Espíritu Dirija la Oración

No sabemos rezar como se debe (ver Romanos 8, 26) y, por lo tanto, es importante que los grupos de oración permitan que el Espíritu Santo guie su oración. Una manera de hacer esto es comenzando la sesión de oración preguntándole a Dios, "¿Dinos cómo debemos rezar?"

Cuando hagas esto, debes estar preparado para el siguiente paso más obvio: Espera su respuesta. Espera hasta sentir el Espíritu Santo y no te apures a rezar. Evita la tentación de rezar en cuerpo en lugar de rezar en el Espíritu.

En su artículo: "Ministerio de Oración para la Evangelización", el Padre Bob Hogan, nos señala tentaciones comunes que pueden resultar en oración en el cuerpo (no en el Espíritu):[46]

---

[46] Hogan, Fr. Bob, Prayer Ministry for Evangelization, Catholic Charismatic Renewal Resources, 86-87

- A veces podemos responder rápidamente a una percepción y no esperar una manifestación del Espíritu Santo. Esto puede deberse al deseo de brindar un sentimiento inmediato de amor y preocupación por la persona.
- Un individuo rezando puede sentirse "aislado" si los otros miembros del grupo han "recibido" algo del Señor, pero él no. Dicha persona puede tener la tentación de inventar algo con la esperanza de sentirse incluido.
- La persona que reza puede desear tan ansiosamente recibir la "palabra" inspiradora para alguien que podría compartir algo que recuerda del pasado.
- La persona que reza puede gustar de la atención que recibe de la persona por la cual está rezando.

"Jesús, ¿Cómo debemos rezar?" "Señor, dinos cómo rezar". "Señor, dinos cómo deseas que recemos." "Señor, dinos dónde buscar y qué pedir."

Paso 6: Reza en Nombre de Jesús

Después de haber recibido la inspiración del Espíritu Santo de cómo rezar, empieza a rezar por la persona. Es posible que la persona sea guiada a renunciar a un pecado, pedir perdón, o perdonar. Tal vez sufre de un vicio, y es necesario atar y renunciar a un mal espíritu. Cualquiera sea la oración, el nombre de Jesús es poderoso, y como cristianos estamos llamados a rezar en su nombre. Reza esperando milagros.

"En el nombre de Jesús, recibe curación." "Jesús, te pido que bendigas a ABC con tu consuelo." "Señor Jesús, quita de esta

persona toda influencia del enemigo." "En el nombre de Jesús, dale a ABC el deseo de perdonar."

Paso 7: Verifica los Resultados

Después de rezar o compartir la palabra del Espíritu Santo, habla con la persona con quien estas rezando. Si has rezado por curación, ¿esta persona ha recibido la curación? ¿Puedes comprobarlo? Pregúntale si desea seguir rezando.

¿La persona se ve incómoda?, ¿aburrida?, o asustada? Presta atención a lo que está pasando y tratar de adaptar la oración para el bienestar de la persona. Busca y sigue los frutos del Espíritu Santo.

> *"Toda gracia buena tiene su origen en Dios, quien está sobre todos nosotros, bendito por siempre. Él que es todo lo bueno, hizo todas las cosas buenas, para poder llenar de bendiciones a sus criaturas y hasta después de la Caída, ha continuado con sus bendiciones como un signo de amor misericordioso."* —Book of Blessings, Introducción General, Párrafo 1

Si estas rezando por algo específico y eso no se da (curación, entendimiento, consolación), pregúntale a Dios que barreras pueden existir. Repite el Paso 5, espera la respuesta del Señor. Si sientes que la oración no es fructífera, pregúntale a Dios que hacer y nuevamente repite el paso 5 o termina la oración.

"¿Cómo estás?" "¿Puedes decirme cómo te sientes en este momento?" "¿Sientes que Dios está haciendo algo dentro de ti en este momento?" "¿Quieres continuar rezando? "¿Te importaría si tratamos de comprobar si hay una curación?"

Paso 8: Recibe la Bendición del Padre

Cuando rezamos con otra persona, esta normalmente confiesa un pecado, renuncia a una mentira o, en oraciones por curación, obtiene la curación de la enfermedad o lesión. Debido a esto, puede existir un vacío en el corazón de la persona donde anteriormente hubo pecado y muerte. Al final de la oración, pídele a Jesús que llene este vacío con su bendición.

> … Cuando a través de la Iglesia pedimos la bendición de Dios, debemos intensificar nuestra disposición personal mediante la fe, con lo cual todo es posible; debemos poner nuestra confianza en la esperanza que no nos desilusiona; por encima de todo, debemos estar inspirados por el amor que nos impulsa a seguir los mandamientos de Dios. Entonces, cuando buscamos lo que le gusta a Dios, podemos realmente apreciar sus bendiciones y de seguro las recibiremos.[47]

> *"En el nombre de Jesús, recibe en abundancia las bendiciones del Padre." "Señor, entra en su corazón y llena los vacíos con tus bendiciones." "Jesús, te pedimos que esos lugares de su corazón y su alma donde hubo pecado y pesar, los llenes de tu amor y bendición."*

Paso 9: Sella la Oración

Sella la oración para esta persona. Pídele a Dios su misericordia y bendición para esta sesión de oración. Si todas las puertas del mal han sido cerradas, pídele a Dios que las selle y envié a un ángel de la guarda para que proteja esta puerta por toda la eternidad. Pídele a Dios que bendiga esta oración, que purifique todo lo que se ha dicho

---

[47] Book of Blessings, párrafo 15.

o compartido. Si el individuo es católico, aconséjale que termine su oración con el sacramento de la Penitencia y Reconciliación.

> *"Jesús, te pedimos que para cualquier puerta que hemos cerrado esta noche, envíes un ángel de la guarda para protegerla por toda la eternidad." "Terminamos esta oración en nombre de Jesús."*

Paso 10: Ofrece Alabanza, Honor y Gloria a Dios

Al final de tu sesión de oración, alaba a Dios. Agradécele por sus palabras, su consuelo, su curación y por todo lo que Él ha hecho.

> *"Señor, te alabamos, te agradecemos y glorificamos por tu infinito amor por nosotros." "Jesús gracias por escuchar y responder a nuestras oraciones."*

Fase de Seguimiento

Es importante tener en consideración el corazón de la persona por la cual hemos estado rezando. A veces obtenemos la respuesta a nuestra oración inmediatamente; otras veces es posible que tengamos que hacer un seguimiento con otros ministerios de oración, un psicólogo o un consejero.

Si el individuo ha revelado que desea hacerse daño o lastimar a otra persona, infórmale a la persona que tú estás obligado a reportarlo. Reporta esto de acuerdo con los lineamientos de ambiente seguro establecidos por la diócesis.

Si el individuo necesita cuidado o consejo psiquiátrico, hazle la recomendación con mucho tacto. En los eventos del Ministerio de Adoración "Arise" les ofrecemos a quienes lo necesiten, una tarjeta con la información de una persona debidamente entrenada que tiene los conocimientos necesarios para ayudarlos, con quien pueden ponerse en contacto.

Si el individuo necesita oración de seguimiento, está permitido ofrecerle la oportunidad de hacerlo. Dale al individuo la tarjeta de información mencionada en el párrafo anterior y pídele a la persona que se ponga en contacto con el líder del ministerio para programar una sesión de oración adicional en otro momento.

Signos que Confirman el Éxito de la Oración Intercesora

A pesar de no ser una lista muy exhaustiva, los siguientes son signos de que tu oración ha tenido éxito y ha sigo fructífera:
- Aparecen buenos frutos: paz, paciencia, bondad, amabilidad, unidad.
- Se produce la curación.
- La persona experimenta lágrimas, descanso en el Espíritu o un sentimiento de paz.
- La persona es conducida a un encuentro con Jesucristo.
- La persona se acerca más a los sacramentos y tiene un mayor deseo de recibir los sacramentos.
- Se produce la liberación.

Ten en mente que a veces no se nos otorga el consuelo de saber si nuestras oraciones tuvieron éxito. Si se te ha otorgado este consuelo, la respuesta correcta es la de alabanza y agradecimiento.

Cuidado Pastoral para Aquellos Que Rezan

Si bien es importante tener un corazón pastoral mientras rezamos por otros, también es bueno tener una actitud pastoral cuando recibimos oraciones.

En este curso, muchos de tus compañeros están discerniendo y descubriendo el sonido del Espíritu en sus corazones. Durante ese momento, pueden mencionar profecías incompletas o falsas profecías. En estos casos, toma en consideración sus corazones cuando los motives a crecer. Utiliza el lenguaje que utilizarías contigo mismo.

> *"Gracias por esa palabra, pero realmente no la entiendo."*
> *"¿Podrías volver a la inspiración y ver si puedes obtener una imagen más clara? "Gracias, pero esa palabra no me da un sentido de paz interior."*

A veces tus compañeros traerán consigo malos hábitos de oración. Tal vez reaccionan de manera exigente, ruidosa y fastidiosa o sus oraciones te pueden hacer sentir incómodo. Nuevamente, utiliza esta oportunidad para ayudarlos a crecer.

> *"Gracias por rezar por mí; sin embargo, tu oración en lenguas me ha distraído y no me ha permitido poder enfocarme."*
> *"Discúlpame, pero la manera en que estas rezando por mí me incomoda." "Recuerda que ABC va en contra de los lineamientos del ministerio de oración de "Arise".*

Podemos motivar sutilmente a nuestros hermanos y hermanas a que continúen creciendo y discerniendo la voz del Espíritu Santo en sus propias vidas, sin humillarlos o causarles vergüenza. Es en estos tipos de medio ambientes donde los individuos se sienten suficientemente a salvo para practicar y explorar, para que puedan aumentar su confianza en sí mismos, para experimentar el discernimiento, y para que los grupos de oración maduren.

◆ Reflexiona. Recibe. Responde.

- ¿Crees que Dios te llama al ministerio de oración intercesora en persona? ¿Por qué o por qué no?
- ¿Cómo te puedes preparar para formar parte de un equipo de oración intercesora?
- ¿Sufres de algún trauma? ¿Sufres de alguna adicción o compulsión? ¿Qué pasos puedes tomar para vencer estos obstáculos para el ministerio?
- ¿Qué recursos puedes utilizar para ayudarte a recordar los pasos de la oración?
- ¿Qué es lo que te interesa de la oración intercesora? ¿Qué te emociona?
- ¿Qué parte de la oración intercesora te pone nervioso?
- ¿Cómo responderías si alguien en tu equipo de oración se pone fastidioso o agresivo durante la oración?
- ¿Cómo reaccionarias si durante una sesión de oración alguien te dice confidencialmente que quiere hacerse daño o lastimar a alguien?

2.4

DIRECTRICES PARA LOS EQUIPOS DE ORACIÓN DE "ARISE"

Vivan orando y suplicando. Oren en todo momento según les inspire el Espíritu. Velen en común y perseveren en sus oraciones sin desanimarse nunca, intercediendo en favor de todos los santos, sus hermanos. (Efesios 6, 18)

Las siguientes son algunas directrices que deben tomarse en cuenta cuando participes de un equipo de oración intercesora. Si bien existe flexibilidad con algunas de las directrices, para rezar como un representante del ministerio de oración "Arise", estos delineamientos debe seguirse de forma estricta.

1. **Sacramentos:** Recibir la Eucaristía es la máxima expresión de adoración y el origen y fin de la fe. El objetivo de tus oraciones con otros es la de guiarlos hacia la unión con Cristo y por

lo tanto, hacia una vida sacramental en la Iglesia. Anima a aquellos que rezan contigo para que reciban la Eucaristía, y si se arrepienten de algún pecado durante la sesión de oración, anímalos a que busquen formalmente la absolución en el sacramento de la Penitencia y Reconciliación.

> ... *En la liturgia se realiza la cooperación más íntima entre el Espíritu Santo y la Iglesia. El Espíritu de comunión permanece indefectiblemente en la Iglesia, y por eso la Iglesia es el gran sacramento de la comunión divina que reúne a los hijos de Dios dispersos. El fruto del Espíritu en la liturgia es inseparablemente comunión con la Trinidad Santa y comunión fraterna.*[48]

2. ***Liderazgo:*** Se debe nombrar a un líder en cada equipo de oración. Generalmente, este será la persona con la oficina más alta en la Iglesia. "Cuando un sacerdote o diácono estén presentes, uno de ellos deberá tomar el rol directivo."[49] Dicho individuo podría cederle el puesto de líder a otra persona. Para reuniones grandes, también se debe designar un líder.

3. ***Observa:*** Reza con tus ojos abiertos, y observa a la persona para quien estas rezando, para que puedas discernir lo que el Espíritu Santo está haciendo.

4. ***Imposición de Manos:*** Siempre pide permiso antes de tocar a una persona y toma en cuenta tu posición y postura alrededor

---

48 Catecismo de la Iglesia Católica 1108; ver 1 Juan 1:3-7.
49 Book of Blessings, párrafo 18.

de él o ella. A menos que te hayan otorgado oficina de autoridad sobre esa persona, no coloques tus manos en su cabeza. La excepción a este requisito es cuando estas rezando por alguien que tiene una lesión o enfermedad de la cabeza. No des masajes. Asegúrate de no colocar tus manos en un lugar que cause escándalo. Evita excentricidades. Actúa de manera natural, no intensamente. No empujes, jales ni apliques ninguna presión física. También recuerda que mientras tocar a una persona puede ser una ayuda, no es siempre necesario.

5. *Rezando sobre versus Rezando con:* Continuando con el tema de la autoridad y el espíritu de humildad, no debemos rezar con autoridad sobre nadie, si Dios no nos ha otorgado dicha autoridad. Por lo tanto; en la mayoría de las sesiones de oración, tú rezaras para o con otra persona.

6. *Comunicando Palabras de Sabiduría:* Manteniendo un espíritu de humildad, ofrece cualquier palabra profética de manera que permitas al individuo que la medite y hasta que pueda rechazarla sin sentir vergüenza (ver sección 4.3 en profecía). No digas: "El Espíritu Santo me dijo ABC," o "Dios dice ABC," En lugar de eso, dile: "Esto vino a mi mente mientras estábamos rezando," o "Siento que ABC no te impresiona" No menciones fechas, compañeros o profecías directivas en sesiones de oración públicas.

7. *Eres un Canal no un Almacén:* En oraciones de curación o liberación, nunca tomes el sufrimiento de otra persona (por ejemplo: recibir su pesar, enfermedad u opresión a cambio de

su curación). Tú eres un canal de la gracia de Dios para otros. No estas llamado a tomar o recibir su sufrimiento u opresión. Si piensas que esto ha ocurrido, renuncia a eso en privado y habla con el líder de la oración lo más rápido posible.

8. ***Comentarios y Verificación:*** A través del proceso de oración, hazle preguntas al individuo. No tengas miedo de preguntar, "¿Sientes que Dios te está diciendo algo?" "¿Cómo te sientes?" o "¿Sientes que Dios está obrando en ti?". Adapta tu oración de acuerdo con sus respuestas. Recuerda, conocerás el trabajo por sus frutos. Discierne constantemente los frutos del Espíritu Santo. Busca el fruto en tu oración.

9. ***Vergüenza, Culpabilidad y Reproche:*** El Espíritu Santo no le habla a su pueblo a través del miedo, la duda, la inseguridad, la culpabilidad, vergüenza o reproche. A veces el individuo no está listo para lidiar con o enfrentarse a un pecado serio. Sin embargo, cuando el Espíritu se mueve, Él no condena sino anima. Debes estar atento a las emociones negativas, ya que estas son una indicación que hay un desorden en la oración. "En cambio la sabiduría que viene de arriba es, ante todo, recta y pacífica, capaz de comprender a los demás y de aceptarlos; está llena de indulgencia y produce buenas obras." (Santiago 3, 17).

10. ***Prudencia:*** Manténte humilde en tu oración y no vayas más allá de la autoridad que Dios te ha dado. No trates de añadir algo a una profecía, o mencionar más de lo que el Espíritu Santo ha compartido contigo. A veces debes discernir cuál es el momento apropiado (si acaso) para compartir una palabra

de sabiduría. Algunas palabras son solamente para el ministro de oración y no para la persona para quien estamos rezando. Usa tu sentido común y practica la prudencia cuando tengas que discernir estas cosas.

11. *Manifestaciones:* Como regla general del ministerio de oración "Arise", si alguien empieza a manifestar influencias demoníacas (por ejemplo: golpear, gritar, convulsionar) deja de rezar. Si es necesario, en silencio y discretamente, mueve al individuo a un lugar privado. Si no estás debidamente formado o entrenado en el ministerio de liberación, no lo intentes. (El Capítulo 3 cubre la oración de liberación).

12. *Incertidumbre y Dejar de Orar:* Ten la confianza de terminar una sesión de oración si un individuo empieza a manifestarse de una manera negativa o si tú te sientes incomodo o inseguro. Si te sientes inseguro de como rezar efectivamente con una persona, no dudes en buscar el consejo del líder del equipo o referir a esta persona a alguien que tenga más experiencia.

13. *Responsabilidad:* Reza como parte de un equipo de dos o más, tan a menudo como te sea posible, preferentemente con personas de tu mismo sexo.

14. *Descansando en el Espíritu:* Si tú piensas que alguien podría descansar en el Espíritu, no empujes a la persona hacia abajo. Si el Señor desea que él o ella descansen en su Espíritu, Él lo hará sin tu ayuda.

Ten a alguien listo para agarrar a las personas en caso de que se caigan. No interrumpas a la persona que está descansando en el Espíritu, a no ser que haya estado descansando por mucho tiempo. Trata de evitar una "fila de cuerpos" frente al servicio de oración. El ministerio de oración de "Arise" utiliza "mantas de modestia" para cubrir del torso para abajo a aquellos que descansan en el Espíritu.

Después de haber descansado en el Espíritu en un lugar público, el individuo puede sentirse confundido y avergonzado, especialmente si esta es la primera vez para la persona. Con espíritu pastoral, ten dos individuos disponibles para que puedan rezar y ayudar a dicha persona.

15. *Perseverancia:* Cuando rezamos, Dios siempre nos responde. A veces no reconocemos Su respuesta, pero eso no significa que nuestra oración no es eficaz. Persevera en la oración.

16. *El Uso de Óleo Bendecido:* Por respeto a la oficina del sacerdocio y para evitar confusiones con el Sacramento de la Unción de los Enfermos, los miembros del ministerio de oración de "Arise" no están permitidos de bendecir con óleo.[50]

17. *Aconsejar:* Ten mucho cuidado cuando aconsejes a alguien después de una sesión de oración. Nunca le sugieras a nadie que deje de tomar alguna medicina o equipo, que haya sido

---

50 See *Instruction on Certain Questions Regarding the Collaboration of the Non-Ordained Faithful in the Sacred Ministry of Priest* (Vatican City: Libreria Editrice Vaticana, 1997), art. 9, Vatican.va.

recomendado por un doctor. Cuando le des consejo a alguien, puedes aconsejarle que crezca espiritualmente, que perdone, y que evite el pecado y las practicas ocultas.

18. ***Equipo Líder del Servicio de Oración:*** En casos de reuniones de oraciones grandes donde hay varios equipos de oración, asigna un equipo líder para supervisar el ministerio de oración, mantener el orden y encargarse de cualquier problema que pueda originarse.

19. ***Oraciones de Liberación Durante Servicios Públicos:*** Durante un evento público en el cual muchos miembros de la congregación avanzan para recibir curación, no está permitido usar algunas oraciones específicas de liberación. Tú puedes callada y calmadamente atar y renunciar en el nombre de Jesús cualquier cosa que no es de Dios (influencias demoníacas); sin embargo, la oración deberá parar al primer signo de alguna manifestación negativa. (el Capítulo 3 cubre la oración de liberación). Si la sesión de oración, durante un servicio público, se lleva a cabo en un área privada, entonces sí se permiten las oraciones de liberación, pero, reiteramos, estas deben parar al primer signo de una manifestación negativa.

20. ***Confidencialidad:*** Es tu responsabilidad mantener en estricta confidencialidad cualquier información obtenida durante la oración por alguna persona. Sin embargo, si durante la sesión de oración te das cuenta de que la persona intenta hacerse daño o causarle daño a otra persona, tienes la responsabilidad de decirle a dicha persona: "No puedo guardar este secreto;

tengo que decírselo a alguien." Luego debes reportar el incidente a las autoridades respectivas.

21. ***Problemas Personales de los Miembros del Equipo de Oración:*** Si actualmente sufres de alguna adicción o compulsión, o si has sufrido un hecho traumático recientemente (la pérdida de un ser amado, una enfermedad o diagnóstico serio), la Iglesia tiene la responsabilidad de rezar y cuidarte a ti. Dispénsate del rol de liderazgo por el momento y permite que Dios venga a ti ofreciéndote curación. Si consideras que en este momento podrías necesitar retirarte del grupo, por favor habla con el líder de tu grupo de oración. Es supremamente importante que el liderazgo del ministerio mantenga tu información y situación estrictamente confidencial. La política del Ministerio de Adoración "Arise" es la de mantener una estricta confidencialidad.

22. ***Rezar en Lenguas:*** Necesitas ser especialmente discerniente con este don. Tu oración en lenguas personal es exactamente eso, personal. No está destinada a ser pública. Sin embargo, a veces rezar una oración en lenguas puede ayudarte a ceder de forma más obediente al Espíritu Santo.

    Si no conoces al individuo con quien estas rezando, y por lo tanto, no estás seguro de su reacción a la oración en lenguas, pídele permiso para rezar en lenguas. Ten una actitud pastoral, y explícale este don antes de comenzar. Si decides rezar en lenguas, debes hacerlo en silencio, sin llamar la atención ni ocasionar alguna distracción a la oración.

23. ***Reunión Pacífica:*** Se debe mantener en todo momento una sensación de paz y calma durante la sesión de oración. Nunca grites, ordenes, alces la voz durante una sesión de oración. El poder no viene de cuan fuerte o alto reces; el poder viene del Espíritu. Evita cualquier cosa que parezca teátrico, histeria, sensacionalismo o artificial.

24. ***Informar:*** "Quienes guían las celebraciones, litúrgicas o no, se deben esforzar por mantener un clima de serena devoción en la asamblea y usar la prudencia necesaria si se produce alguna curación entre los presentes; concluida la celebración, podrán recoger con simplicidad y precisión los eventuales testimonios y someter el hecho a la autoridad eclesiástica competente."[51]

25. ***Mentir y Retener:*** En algunos casos el Espíritu Santo puede otorgarte una intuición o palabra, y cuando le pides un comentario a la persona él o ella puede mentir o retener información. Estos momentos pueden ser muy desalentadores para los intercesores porque causan dudas y confusión, especialmente con respecto al discernimiento de nuestro don espiritual. En estos momentos es bueno recordar que la oración intercesora no es para nosotros sino para otros. Aunque el individuo ha decidido rechazar tu intuición o mentirte, tu deber y obligación es la de mantener un espíritu de servicio y humildad. Confía tus momentos de dudas y confusión a Dios y permítele al Señor dar curación y paz.

---

51 Congregation for the Doctrine of the Faith, *Instruction on Prayers for Healing* (Vatican City: Holy See, September 14, 2000), art 9, Vatican.va.

26. ***Concluyendo la Oración:*** Recuérdale siempre al individuo el amor de Dios hacia él, independientemente de cualquier resultado. No hay necesidad de sentirse desilusionado si el resultado deseado no se presenta inmediatamente. Las respuestas a nuestras oraciones pueden ser graduales. Siempre anima a la persona a que reciban más oraciones, lean las Sagradas Escrituras y reciban los Sacramentos. Si es apropiado, ofrézcale al individuo información con respecto a oportunidades de seguimiento.

♦ Reflexiona. Recibe. Responde.

- ¿Cuál de estas directrices te ha sorprendido más?
- ¿Qué harías si ves que alguien en tu equipo de ministerio no sigue estas directrices?
- ¿Piensas que habría otro lineamiento que podrías añadir?

práctica
PARA EL CAPÍTULO 2

ejercicio 1

DISCUSIÓN EN GRUPO: CURACIÓN DEL OJO

Instrucciones

Lee esta historia y responde las preguntas de reflexión.

Cathy, una maestra joven, estaba en una conferencia cuando se dio cuenta que uno de los voluntarios tenía una toalla de papel húmeda sobre su ojo. "¿Qué te pasó en el ojo?" le preguntó Cathy.

"No sé", le dijo la voluntaria. "Cuando me desperté esta mañana, me dolía mucho. Mi ojo está reseco y me pica, y me duele cuando parpadeo. Al mirarlo se ve bien. Pero me duele, y se está poniendo peor al pasar del día."

¿"Has tomado algo para aliviarte?" le preguntó Cathy.

"Si, me puse gotas para los ojos, pero parece que nada me está ayudando."

"Lo siento".

Cuando Cathy ya empezaba a caminar se le ocurrió que podría ofrecerse a rezar por esta desconocida. Insegura de si esto era lo correcto, se volteó y le preguntó, "¿Alguien te ha ofrecido rezar por tu ojo?"

La mujer se vio sorprendida, "No, ¿Por qué?"

"Espero que esto no te suene extraño, pero si quieres, podriamos tratar de rezar por tu ojo y ver si Dios te lo puede sanar."

Para sorpresa de Cathy, la mujer se mostró receptiva a su sugerencia. ¡"Creo que eso sería fantástico.!"

"Que bien. ¿Cuál es tu nombre?" El mío es Cathy."

"Mi nombre es Jennifer."

"Encantada de conocerte. ¿Te molesta si pongo mi mano cerca a tu ojo?"

"No, para nada."

"Está bien, vamos a rezar." Cathy y Jennifer se fueron a un lugar más tranquilo, a pocos pasos de allí y Cathy empezó a rezar, "Ven Espíritu Santo, ven. Jesús invitamos tu presencia. Señor indícanos cómo debemos rezar."

Cathy esperó unos momentos antes de continuar. "Jesús, te pido que vengas y sanes el ojo de Jennifer. Jesús, quítale el dolor y la molestia y reemplázalo con curación, bendición, comodidad y consolación. En el nombre de Jesús, recibe curación."

Cathy miró a Jennifer, cuyo cuerpo continuó relajándose durante la oración. Consolada por esta interacción positiva, Cathy decidió seguir rezando. Después de un momento de silencio, Cathy empezó a imaginarse un ojo viendo cosas dolorosas. Enfocándose en esta imagen empezó a rezar,

"Jesús, te pido que cures los recuerdos de cualquier cosa que Jennifer haya visto –en un sueño, en persona, en una visión, cualquier cosa que ella haya visto que le haya causado daño, dolor o ansiedad. En tu nombre, te pido que limpies su ojo de lo que haya visto y le traigas la curación."

Jennifer, cuyos ojos estaban cerrados, asintió con la cabeza como si estuviera de acuerdo con la oración.

Cathy empezó a s sentir que la oración había terminado. Verificó con Jennifer, "¿Cómo te sientes?"

Jennifer empezó a parpadear para revisar su ojo. "Bueno, me siento muy tranquila y mi ojo se siente mejor, pero no está 100 por ciento bien."

"Así que no está 100 por ciento mejor, pero ¿se siente mejor?"

"Si, está mucho mejor. Guau! Si, se siente mejor. Pero no 100 por ciento. Todavía me duele un poquito, pero no como me dolía antes."

"Que bien, gloria a Dios. Me consuela saber que te sientes mejor. Me pregunto si esta curación será gradual, como un aceite fino o una pastilla de salida lenta para el dolor. Si continúas mejorando, ¿me puedes avisar?"

"Si, por su puesto."

Cathy y Jennifer inclinaron sus cabezas una vez mientras Cathy continuó rezando, "Señor, te damos gracias. Te alabamos por tu bondad. Tú eres fiel. Tu eres bueno. Tú eres curación. Te damos las gracias por escucharnos y respondernos. Toda la gloria para ti, Señor Jesús." Las dos se abrazaron y caminaron en diferentes direcciones.

Tres horas después, Cathy estaba caminando a un salón de conferencia cuando vio a Jennifer corriendo hacia ella.

"¡Está totalmente mejor! ¡Mi ojo se siente muy bien! ¡Creo que me he sanado! ¡Gracias por tus oraciones!"

Cathy le dio un abrazo a Jennifer. "¡Dios es tan bueno! Que maravilloso. Gracias por compartir esto conmigo."

"¡Si, después que rezamos, empezó a mejorar y mejorar y ahora ya no tengo ningún dolor!"

♦ Reflexiona. Recibe. Responde.

- Al comienzo, Cathy estaba nerviosa de rezar por Jennifer. ¿Alguna vez te has sentido incomodo al rezar por una persona desconocida? ¿Cómo manejaste esa situación?
- ¿Qué partes te gustaron de la manera en que Cathy llevó a cabo esta sesión de oración?

- ¿Qué es lo que Cathy hubiera podido hacer diferente? ¿Qué reglas no siguió?
- ¿De qué manera hubieran cambiado las acciones de Cathy si Jennifer hubiera sido un hombre? O ¿un niño?
- En esta historia hemos aprendido que la curación a veces no es inmediata. ¿Cómo compartirías esta historia con alguien con quien estas rezando?

ejercicio 2

EQUIPO DE ORACIÓN INTERCESORA

Instrucciones

Formen grupos de tres o más.

Individualmente, prepárate por cinco minutos antes de la sesión de oración. Piensa si tu espíritu está en posición de ser un intercesor activo. Si no es así, ofrece solamente oraciones de bendición, alabanza y agradecimiento durante el ejercicio.

Forma el grupo pequeño. ***Pídele a una persona que se ponga adelante para recibir la oración.*** Sigue los diez pasos para la oración de un equipo intercesor.

Cuando la oración termine, ***conversa sobre los éxitos o fracasos de la sesión de oración.*** ¿Qué harías diferente la próxima vez? ¿Cómo se siente la persona que recibió la oración? ¿Cómo se sienten las personas que rezaron? Sé honesto en tu discusión.

Repetir hasta que todos los miembros del grupo hayan recibido oración. Escoge algo que has aprendido o una historia que tú y tu equipo estén dispuestos a compartir con todo el grupo de participantes.

Comparte y discute con todo el grupo.

Notas:

capítulo 3

ORACIÓN DE LIBERACIÓN

3.1

EL CURA DE ARS

El Espíritu condujo a Jesús al desierto para que fuera tentado por el diablo. (Mateo 4, 1).

...Las Escrituras nos dicen que Satanás a veces se disfraza de un ángel de luz. En la actualidad, él es aún más ingenioso; convence a la gente, muy exitosamente, que él no existe para nada. Uno de los hechos más extraordinarios de la vida del Cura de Ars es que durante un periodo de aproximadamente treinta y cinco años, fue frecuentemente atormentando, de manera física y tangible, por el diablo.

Debemos tener presente que todos los hombres sufren de tentaciones –porque tentarnos a pecar es la ocupación 'más común' del demonio, por decirlo así —y Dios permite la tentación para nuestro bien. La "infestación" es una 'acción extraordinaria' del demonio, cuando busca asustarnos mediante apariciones y ruidos horribles. La "obsesión" va más lejos; esta puede ser "externa", cuando el demonio actúa en los sentidos externos del cuerpo; o "internas", cuando influye en la imaginación o la memoria. La "posesión" ocurre cuando el demonio ocupa y utiliza un organismo entero. Sin embargo, aún en este caso, la mente y la voluntad de la persona permanecen fuera de su alcance. La mayoría de las experiencias del Cura de Ars pertenecen a la primera categoría, en otras palabras, la "infestación"...

...M. Vianney pronto se dio cuenta que estas muestras de humor satánico se hacían más fuertes cuando estaba a punto de producirse una gran conversión, o, a lo que él graciosamente se refería, cuando estaba a punto de "agarrar un pez gordo". Una mañana el diablo le prendió fuego a su cama. El Santo acababa de dejar su confesionario para alistarse para la Misa cuando escucho el grito de "¡Fuego! ¡Fuego!". El apenas pudo darle las llaves de su habitación a aquellos encargados de apagar el fuego: "¡El infame gancho"! (era su apodo para el demonio) "¡Como no puede cazar al ave, le incendia la jaula" !, fue el único comentario que hizo. Hasta el día de hoy, los peregrinos pueden ver, cerca de la cabecera de la cama, un cuadro endurecido con el vidrio rajado por el calor de las llamas. Debemos añadir que en ese momento no se había encendido ningún fuego en la chimenea y no había fósforos en el presbiterio.

Estas tormentas eran tanto aterradoras como absurdas... El demonio se la pasaba horas produciendo un ruido similar a golpear un vaso de vidrio con el filo de un cuchillo de acero; o se ponía a cantar "con una voz muy resquebrajada", decía el Santo; o silbaba por horas y horas; o producía un ruido como el de un caballo galopando o brincando en el cuarto, de modo que lo sorprendente era que el piso tan desgastado no se desfondaba; o a veces producía el balido de las ovejas o el miau de un gato, o gritaba bajo la venta del cura: "¡Vianney! ¡Vianney! Come-papas." El propósito de estos espectáculos horribles y grotescos era evitar que el siervo de Dios descansara lo mínimo que su pobre cuerpo necesitaba, y así debilitarlo físicamente para no poder seguir con su sorprendente trabajo en el confesionario, mediante el cual él salvó a tantas almas de las garras del demonio...

...Sin embargo; a pesar de las condiciones horribles de alguien poseído por el demonio, esto no es nada en comparación con la miserable situación del alma de quien, mediante pecado mortal se vende, por así decirlo, a Satanás. Se decía que el santo sacerdote se la pasó la mayor parte de su carrera de sacerdocio en una lucha directa con el pecado a través de su labor implacable en el confesionario. El confesionario del Cura era el verdadero milagro de Ars, el cual no era solamente una maravilla temporal, o la sensación de algunas pocas semanas...Lo sorprendente de M. Vianney fue que él mismo, personalmente se convirtió en el objeto del peregrinaje, la gente venía en tropel a Ars en los cientos de miles, solamente para poder verlo, escucharlo, para intercambiar algunas palabras con él, pero, sobre todo, para ir a confesarse con él.[52]

♦ Reflexiona. Recibe. Responde.

- ¿Por qué Satanás quería molestar a San Juan Vianney?
- ¿Cuál fue el verdadero milagro de Ars?
- ¿Cuándo fue la última vez que fuiste a una buena confesión?

---

52   Abbé Francois Trochu, *The Cure d'Ars: St. Jean-Marie-Baptiste Vianney*, traducido por Ernest Graf (Londres: Incorporated Catholic Truth Society), 1952), www.ewtn.com.

3.2

INTRODUCCIÓN A LA ORACIÓN DE LIBERACIÓN

Estas señales acompañarán a los que crean: en mi Nombre echarán demonios y hablarán nuevas lenguas. (Marcos 16, 17)

> *La existencia de Satán ("El Diablo") y otros espíritus malignos (demonios, "ángeles caídos") es una parte integral de la enseñanza de la Iglesia Católica…*[53]

> *Satán o el diablo y los otros demonios son ángeles caídos por haber rechazado libremente servir a Dios y su designio. Su opción contra Dios es definitiva. Intentan asociar al hombre en su rebelión contra de Dios.*[54]

---

53 Rev. Dr. Gareth Leyshon, *Exorcism and Prayers for Deliverance: The Position of the Catholic Church*, version 2 (Cardiff, Wales: Cardiff, 2016), página 4.
54 Catecismo de la Iglesia Católica 414.

Satán fue presentado a los cristianos por primera vez al principio de las Sagradas Escrituras, en el Libro del Génesis, donde leemos la historia de cómo Satán, presentándose como una serpiente, tentó a Eva a morder la fruta del árbol de la Sabiduría del Bien y el Mal (ver Génesis 3, 6), acto implícitamente prohibido por Dios (ver Génesis 3, 3).

> *Detrás de la elección desobediente de nuestros primeros padres se halla una voz seductora, opuesta a Dios (ver Génesis 3,1-5) que, por envidia, los hace caer en la muerte (ver Sabiduría 2, 24). La Escritura y la Tradición de la Iglesia ven en este ser un ángel caído, llamado "Satán" o "diablo" (ver Juan 8, 44; Apocalipsis 12, 9). La Iglesia enseña que primero fue un ángel bueno, creado por Dios. [...] "El diablo y los otros demonios fueron creados por Dios con una naturaleza buena, pero ellos se hicieron a sí mismos malos".*[55]

Las consecuencias de la desobediencia de nuestros primeros padres fueron graves. Tanto Adán como Eva fueron exilados de su primer hogar, el Jardín del Edén; y sufrieron consecuencias adicionales tales como dolores de partos, dificultades de arduo trabajo y eventualmente la muerte. (Ver Génesis 3, 16-19). El Catecismo nos enseña que, después del primer pecado el mundo fue "una verdadera invasión de pecado inunda el mundo".[56] El Padre Gabriele Amorth, autor del libro "Un Exorcista Cuenta su Historia" coincide diciendo: "Por medio de sus tentaciones (Satán), el mal, el dolor, el pecado y la muerte entraron al mundo."[57]

---

55 Catecismo de la Iglesia Católica 391, citando Concilio de Letrán IV, año 1215: DS 800.
56 Catecismo de la Iglesia Católica 401.
57 Gabriele Amorth, *An Exorcist Tells His Story* (San Francisco: Ignatius, 1999), página 21.

En esta acción singular, las llaves del reino de la tierra cambiaron de manos. A través del pecado Adán y Eva renunciaron al poder y la autoridad sobre la tierra que Dios les había dado, y Satán tomó sus lugares y se convirtió en el príncipe de este mundo (ver el Catecismo de la Iglesia Católica 409; 2 Corintios 4, 4; Efesios 2, 2). Pareciera que se hubiera perdido toda esperanza, excepto que Dios, en su incalculable amor por nosotros, predestinó a Jesucristo para venir a la tierra como Salvador y Redentor.

> *Tras la caída, el hombre no fue abandonado por Dios. Al contrario, Dios lo llama y le anuncia de modo misterioso la victoria sobre el mal y el levantamiento de su caída (ver Génesis 3, 9, 15). Este pasaje del Génesis ha sido llamado Protoevangelium ("primer evangelio"): por ser el primer anuncio del Mesías Redentor, anuncio de un combate entre la serpiente y la Mujer, y de la victoria final de un descendiente de ésta.*[58]

El trabajo salvador de Cristo en la cruz nos hizo dignos de la gracia del perdón de nuestros pecados. Por la muerte de Cristo en la cruz, las puertas del cielo se volvieron a abrir para nosotros. Y también por su muerte y resurrección, Cristo rompió el poder del demonio y retomó la autoridad sobre todo el mundo.

> *Los fieles cristianos creen que el mundo [...] ha sido creado y conservado por el amor del Creador, colocado ciertamente bajo la esclavitud del pecado, pero liberado por Cristo crucificado y resucitado, una vez que fue quebrantado el poder del Maligno..."*[59]

---

58 Catecismo de la Iglesia Católica 410.
59 Catecismo de la Iglesia Católica 421, citando el Vaticano II, Gaudium et Spes. 2 €2.

En el Nuevo Testamento, Jesucristo repetidamente libera a los individuos de la influencia demoníaca (ver Marcos 1, 34; 16, 9; Lucas 11, 14). Cristo autoriza a sus apóstoles a imitarlo en esta gran tarea: "Y les dijo: Vayan por todo el mundo y anuncien la Buena Nueva a toda la creación. Estas señales acompañarán a los que crean: En mi Nombre echarán demonios" (Marcos 16, 15, 17). Sabemos que los discípulos hicieron esto porque cuando los setenta y dos regresaron a Cristo, le dijeron: "Señor, hasta los demonios nos obedecen al invocar tu nombre." (Lucas 10, 17).

Después de la ascensión de Cristo al cielo, los discípulos llevaron a cabo este importante trabajo tomando autoridad sobre el mal en nombre de Jesús. Los antiguos escritores cristianos tales como Tertulian y Origen nos enseñan que, durante el primer y segundo siglo, la práctica del exorcismo fue ampliamente utilizada. Hasta existen escritos que indican que algunos de los practicantes, en lugar de ser sacerdotes, eran algunos de los fieles más simples y rudos.[60]

Esta libertad general para practicar el exorcismo no duró mucho. Rápidamente la Iglesia empezó a instituir salvaguardas con respecto a esta práctica. En el Cuarto Concilio de Cartago en el año 398 DC, la Iglesia presentó el primer rito para ordenar a exorcistas. Debido a esto, la práctica del exorcismo se limitó a los sacerdotes. En este rito original, el obispo le daría al sacerdote un libro con la fórmula del exorcismo, y luego el obispo recomendaría al sacerdote a memorizarse la oración por completo.

A través de los siglos, la Iglesia ocasionalmente publicaría ciertas órdenes adicionales para salvaguardar la oración de exorcismo. Tales salvaguardias incluían la regla de que solamente los sacer-

---

60 Ver Origen, Against Celsus, libro VII, cap. 4.

dotes podrían practicar el exorcismo, el sacerdote tenía que tener permiso de su obispo local y que el exorcismo no se podría realizar durante la adoración al Santísimo.

Con la llegada de la Renovación Carismática Católica en el año 1967, se produjo un nuevo interés entre los laicos en el ministerio de liberación. "Debido a la ausencia de reglamentaciones autoritativas de la Iglesia, y siguiendo el ejemplo de Iglesias Pentecostales, se están llevando a cabo experimentaciones sin límites por parte de los católicos…en el 'ministerio de liberación' el cual busca ayudar a aquellos afectados por espíritus demoníacos."[61]

Para solucionar este problema, el capítulo 3 nos ofrece (1) aclaraciones acerca de las definiciones y el vocabulario utilizado en el exorcismo y el ministerio de liberación, y (2) normas generales y reglas específicas para los laicos que podrían estar interesados en el ministerio de liberación.

♦ Reflexiona. Recibe. Responde.

- ¿Crees en el demonio? ¿Quién es él?
- ¿Alguna vez has observado a alguien en un ministerio de liberación? ¿Cuál fue tu impresión?
- ¿Alguien ha rezado por ti para obtener la liberación o el exorcismo? Describe tu experiencia.

---

61 Leyshon, página 2.

3.3

DEFINICIONES

El ladrón sólo viene a robar, matar y destruir, mientras que yo he venido para que tengan vida y la tengan en plenitud. (Juan 10, 10).

Antes de continuar con la enseñanza y discusión sobre liberación, debemos establecer un vocabulario estándar y el entendimiento de ciertos términos.

La Demonización y sus Tipos

La demonización es cualquier situación en la cual una persona, lugar u objeto está sujeto a la influencia del demonio. Esto incluye la infestación, opresión, obsesión y posesión. Las siguientes definiciones han sido recopiladas por el Rev. Dr. Gareth Leyshon de la arquidiócesis de Cardiff:

Infestación: se utiliza para referirse a la influencia de malos espíritus sobre objetos, animales, casas y lugares. Estos pueden infestarse debido a la exposición a una actividad oculta o por una maldición intencional dirigida a ellos.[62]

Opresión: influencia demoníaca que parece venir de fuera de la persona, causando pesadez, cansancio o desaliento. Los espíritus opresivos pueden adquirirse mediante la exposición a una fuerte presencia del mal: por ejemplo: participando en un ministerio de liberación…, por medio del contacto con objetos de brujería. Los espíritus opresivos pueden ser expulsados con una simple orden de irse en el nombre de Jesús.[63]

Obsesión:[64] influencia demoníaca que parece estar dentro de la persona, usualmente afecta cierta área de la vida de la persona en forma de fuertes tentaciones habituales. Una persona puede haberse expuesto ella misma a tales influencias al buscar deliberadamente la presencia o el poder de los malos espíritus a través de la brujería, Satanismo o adivinación del futuro (Guija, cartas del tarot, etc.); la obsesión demoníaca también puede ocurrir a través de otros pecados graves, los cuales no están explícitamente asociados con lo oculto, por ejemplo: actividad sexual de personas consagradas o personas pertenecientes a una orden que han jurado celibato. El espíritu que produce la obsesión normalmente se debe identificar por nombre y se debe desechar (por ejemplo: ordénale que se vaya) o atar (por ejemplo: prohibirle que ejerza cualquier influencia).[65]

---

[62] Leyshon, página 4.
[63] Leyshon, página 4.
[64] Obsesión no se debe confundir con un interés o curiosidad intensa con alguien o con algo, lo cual también se define como obsesión.
[65] Leyshon, página 4.

Posesión: La posesión es el más raro de los ataques demoníacos, "ocurre cuando los seres humanos deliberadamente otorgan el completo control de sus vidas a Satán, haciéndolo de manera explícita o por medio de la aceptación de pecado grave. En este caso siempre se necesita un exorcismo formal, el cual deberá contar con la aprobación del obispo de la diócesis respectiva.

(La posesión) está caracterizada por presentaciones espectaculares en las cuales el demonio toma control, de cierta manera, de la fuerza y las habilidades físicas de la persona poseída. Sin embargo, no puede tomar el libre albedrio del individuo, por lo tanto, el demonio no puede forzar a una persona poseída a decidir pecar..."[66]

Otros términos que deben ser claramente definidos y diferenciados son el *exorcismo* y la *liberación*, y las fórmulas verbales para cada uno.

Exorcismo

De acuerdo a la Catholic Encyclopedia, "**El exorcismo** es (1) el acto de desechar o despejar demonios, o espíritus malignos fuera de las personas, sitios u objetos que están supuestamente poseídos o plagados por ellos, o que son susceptibles de llegar a ser víctimas o instrumentos de su malicia; (2) el acto de usar los medios para este propósito especialmente la solemne y autoritaria represión del demonio, en el nombre de Dios, o cualquier poder superior al cual él está sujeto."[67]

> "Todas las religiones, todas las culturas tienen exorcistas, pero solamente el cristianismo tiene la verdadera fuerza para exorcizar a través del ejemplo y la autoridad de Cristo." –Padre Gabriele Amorth, Entrevista con el Sunday Telegraph

---

66 Leyshon, páginas 4 y 12.
67 Patrick Toner, "Exorcism", in *Catholic Encyclopedia*. Vol. 5 (Nueva York: Robert Appleton, 1909), newadvent.org.

La Iglesia divide el exorcismo en dos categorías: exorcismo menor y exorcismo solemne o "gran exorcismo".

Exorcismo menor es algo común para todo católico, porque cada católico lo ha recibido por lo menos una vez. "Los ritos de la Iglesia para el Bautismo de Adultos y Niños incluyen oraciones llamadas **exorcismos menores**".[68] Estos exorcismos menores se pueden ofrecer incluso cuando "no hay necesidad de tener evidencia que el catecúmeno está siendo específicamente afectado por demonios."[69]

> "Para que un demonio deje un cuerpo y vuelva al infierno significa la muerte eterna y la pérdida de la habilidad de molestar a la gente en el futuro. El expresa su desesperación diciendo: "Me estoy muriendo, me estoy muriendo. Me estas matando; tú has ganado. Todos los sacerdotes son asesinos."
> –Padre Gabriele Amorth, Entrevista

En la mayoría de los casos, los laicos están prohibidos de llevar a cabo exorcismos menores; sin embargo, el Sacrosanctum Concilium del Concilio Vaticano Segundo les permite a los catequistas laicos, designados por el Obispo local, conferir el exorcismo menor como parte del Rito de Iniciación Cristiana para Adultos. El catequista laico no puede llevar a cabo el exorcismo menor fuera de este rito aprobado.[70]

El segundo término, **exorcismo solemne**, se refiere al Rito del Exorcismo reservado para personas que están poseídas. El exorcismo solemne es el que sólo puede realizarlo un sacerdote-exorcista

---

68 Leyshon, página 5
69 Leyshon, página 5
70 En ocasiones muy extraordinarias y extremas, *in extremis* y como un método para minimizar el daño, un laico puede rezar por el exorcismo de otra persona. Es improbable que algún participante de este curso se pueda encontrar en esta situación. Puedes encontrar más información sobre este tema en la sección 3.7, "Normas Generales para el Ministerio de Liberación."

quien ha obtenido permiso de su obispo u ordinario. Los laicos no están permitidos de llevar a cabo exorcismos solemnes.

Antes de llevar a cabo un **exorcismo solemne**, el sacerdote-exorcista debe estar bien seguro de que la persona está verdaderamente poseída, y no está sufriendo de una enfermedad mental. Ciertos síntomas suelen estar presentes cuando un individuo está poseído, incluyendo "hablar o entender muchas palabras de idiomas que no ha aprendido; revelar cosas que están lejos o que están escondidas; tener una fuerza física más allá de la habilidad natural de la persona poseída; junto con una aversión intensa hacia Dios, la Virgen María, los Santos, la cruz y las imágenes sagradas."[71]

Una vez se ha determinado que se trata de una posesión demoníaca, el 'gran exorcismo' puede llevarse a cabo solamente por un sacerdote-exorcista, a quien su obispo o el obispo local le ha otorgado el permiso de suministrar.

Liberación

Ya que personas laicas no son permitidas de suministrar exorcismos solemnes, y la práctica de exorcismos menores sólo se les permiten a personas laicas que han sido delegadas para llevar a cabo el Rito de Iniciación Cristiana para Adultos, la mayor parte de este capítulo cubrirá el *ministerio de liberación*, el cual sí está abierto a los laicos. Liberación es un "término genérico que se refiere a liberar a alguien que está bajo la influencia del demonio y se aplica específicamente para los casos de obsesión y opresión de personas, e infestación de lugares."[72]

---

71   Cardenal Medina Estevez, refiriéndose a la publicación del *De Exorcismis et Supplicationibus Quibusdam* de 1999, Rito de Exorcismo.

72   Leyshon, pagina 5.

La Fórmula Deprecativa vs la Imperativa

Existen dos fórmulas verbales en el ministerio de liberación:

> ***Fórmula Deprecativa*** es "una oración en la cual suplicamos a Dios que libere a una persona de la influencia de un espíritu maligno."[73] Por ejemplo, *"Señor Jesús, quita de esta persona cualquier espíritu maligno."*

> ***Fórmula Imperativa*** es "una orden dirigida directamente a un espíritu maligno."[74] Por ejemplo, *"¡En el nombre de Jesús, vete Satanás!"*.

Las palabras tienen poder y las Sagradas Escrituras repetidamente nos advierten del poder de la palabra hablada (ver Proverbios 18, 21; Mateo 12, 36-37). Esta verdad afecta también al ministerio de liberación. Cómo rezamos y qué rezamos es muy importante.

La fórmula imperativa es directa y muy seria. El exorcismo menor del bautismo no incluye la fórmula imperativa sino la fórmula deprecativa que es más pasiva. La carta del Vaticano *Sobre Exorcismos y Algunas Suplicaciones*, ordena que incluso en los casos de exorcismo solemne, la fórmula deprecativa debe preceder al uso de la fórmula imperativa.[75]

Esta acción de la Iglesia de preferir la fórmula deprecativa es evidencia de la gravedad y seriedad con la cual la Iglesia trata el lenguaje utilizado en los ministerios de liberación y exorcismo.

---

73 Leyshon, pagina 5.
74 Leyshon, pagina 5.
75 De Exorcismis et Supplicationibus Quibusdam (Ciudad del Vaticano: Libreria Editrice Vaticana, 1999).

◊ Reflexiona. Recibe. Responde.

- ¿Cuál es la diferencia entre infestación, opresión, obsesión y posesión?
- ¿Qué oraciones has aprendido que contienen la fórmula deprecativa de liberación? (Pista: Tú la dices por lo menos una vez durante la Misa.)

3.4

PUERTAS A LA DEMONIZACIÓN

Sean sobrios y estén vigilantes, porque su enemigo, el diablo, ronda como león rugiente buscando a quién devorar. Resístanle firmes en la fe, sabiendo que nuestros hermanos en este mundo se enfrentan con persecuciones semejantes. (1 Pedro 5, 8-9)

Cuando estamos enfrentados a un individuo que necesita liberación de una influencia demoníaca, uno podría preguntarse, "¿De dónde vino el demonio?" y ¿Por qué algunas personas son atacadas más que otras?"

    El demonio no duerme. Sino que constantemente está buscando maneras de entrar en nuestros corazones y mentes. Las Escrituras nos advierten de permanecer sobrios y vigilantes a los posibles ataques del enemigo (ver 1 Pedro 5, 8-9). Sin embargo, las manifestaciones extremas del enemigo son muy raras. "El trabajo común del demonio es la

> *"El que anda con sabios se hace sabio, el que frecuenta a los insensatos se pervierte."* —Proverbs 13:20

tentación," dice el Obispo Thomas Paprocki, presidente del Comité de Obispos para los Asuntos Canónicos y Administración de la Iglesia.[76] "La hazaña más grande del demonio es convencerte de que no existe," escribió Charles Baudelaire. En la mayoría de los casos, el trabajo del demonio es tan sutil que pasa desapercibido.

Entonces, ¿cómo es que la gente termina bajo formas tan extremas de ataque espiritual?

La respuesta más corta es el pecado. Cuando tenemos pecado en nuestras vidas, hay una puerta en nuestros corazones que está cerrada a Dios, y abierta al enemigo. Cada vez que estamos de acuerdo con una mentira, que nos reusamos a perdonar o cometemos otros pecados, le cedemos territorio al enemigo. Sin embargo, no todos los pecados son iguales (ver el Catecismo de la Iglesia Católica 1852-1854). Ciertos pecados hacen a nuestra alma más vulnerable a las influencias o ataques demoníacos.

Lo Oculto

Una de las maneras en las que el enemigo entra en nuestras vidas y las vidas de nuestros seres queridos es a través de lo oculto. ¿Qué hace que el pecado de participar en lo oculto sea diferente al de pasarse una luz roja o mentir en nuestra declaración de impuestos? Nuestra participación en actividades ocultas llama e invita a los

"El trabajo común del demonio es la tentación y la respuesta común es una buena vida espiritual, observando los sacramentos y rezando. El Demonio normalmente no posee a alguien que lleva una buena vida espiritual."
—*Bishop Paprocki*

---

76 El Obispo Thomas Paprocki, citado por Laurie Goodstein en el artículo "Para los Católicos se ha Renovado el Interés en el Exorcismo." New York Times, Noviembre 12 de 2010. Nytimes.com.

espíritus opuestos a Dios. Las Escrituras son muy claras en prohibir y condenar su uso:

> *Que no haya en medio de ti nadie que haga pasar a su hijo o a su hija por el fuego; que nadie practique encantamientos o consulte a los astros; que no haya brujos ni hechiceros; que no se halle a nadie que se dedique a supersticiones o consulte los espíritus; que no se halle ningún advino o quien pregunte a los muertos. Porque Yavé aborrece a los que se dedican a todo esto y los expulsa delante de ti a causa de estas abominaciones. (Deuteronomio 18, 10-12)*

Cuando empezamos a practicar lo oculto, entramos en el terreno de Satán. Al principio lo oculto nos puede parecer atractivo porque nos atrae el deseo natural de conocer y encontrar un poder sobrenatural (Dios); sin embargo, las experiencias sobrenaturales encontradas en las prácticas de lo oculto son desordenadas, confusas y peligrosas. "Esta confusión comienza cuando reconocemos que existen otras fuerzas espirituales aparte de la de Dios y las usamos, tratamos de consultarlas, o estamos preocupados por "estar en las buenas" con ellas.[77]

> *"Enójense, pero sin pecar; que el enojo no les dure hasta la puesta del sol, pues de otra manera se daría lugar al demonio."* —Efesios 4, 26-27

> *Todas las formas de adivinación deben rechazarse: el recurso a Satán o a los demonios, la evocación de los muertos, y otras prácticas que equivocadamente se suponen "desvelan" el porvenir (ver*

---

[77] Francis MacNutt, "Renouncing Occult Involvement," en el libro *School of Healing and Prayer* (Jacksonville, Fl.; Christian Healing Ministries, 1998).

> *Deuteronomio 18, 10; Jeremías 29, 8). La consulta de horóscopos, la astrología, la quiromancia, la interpretación de presagios y de suertes, los fenómenos de visión, el recurso a "médiums" encierran una voluntad de poder sobre el tiempo, la historia y, finalmente, los hombres, a la vez que un deseo de granjearse la protección de poderes ocultos. Están en contradicción con el honor y el respeto, mezclados de temor amoroso, que debemos solamente a Dios.*[78]

Para ser específicos, aquí le señalamos actividades que se consideran parte del oculto:

- Visitar a un adivinador o psíquico o llamar a una línea de psíquicos
- Leer o seguir horóscopos o tener una tabla hecha para uno mismo
- Practicar ciertas formas de meditación oriental transcendental
- Creer en la reencarnación o haber leído sobre la reencarnación
- Jugar con la Guija, cartas del Tarot o bola de cristal
- Utilizar juegos de naturaleza oculta; utilizando percepción extrasensorial o telepatía, llamando a los espíritus
- Consultar un médium, espiritista o numerólogo
- Actuar como médium o practicar la canalización
- Buscar la curación a través de un hechizo mágico o encantos
- Practicar levantamiento de mesas, levitación de objetos, movimiento del péndulo, levantar cuerpos, escritura automática o viaje astral
- Ir o participar en servicios de adoración satánica
- Adoración en un templo de una religión no-Judío/Cristiana (tales como en un templo Budista o Hindú)

---

[78] Catecismo de la Iglesia Católica 2116.

- Practicar brujería, artes mágicas, magia negra, magia blanca, hechicería, vudú o maldiciones
- Adherencia a la masonería
- Ir a un sesión o reunión espiritista

Si tú has participado en cualquiera de estas actividades, es importante que rápidamente hables de dicha experiencia con un sacerdote en el sacramento de la Reconciliación y renuncies a tu relación con lo oculto. Si bien el exorcismo expulsa a los demonios del cuerpo, la confesión los expulsa de nuestra alma.

Pecado Grave

Conforme a la jerarquía de pecados, el **pecado grave** (o pecado mortal) nos hace vulnerables a los ataques del demonio debido a su gran ofensa en contra de la caridad del corazón.[79] Lo que hace de un pecado grave está especificado en los Diez Mandamientos: "Ya conoces los mandamientos: No mates, no cometas adulterio, no robes, no digas cosas falsas de tu hermano, no seas injusto, honra a tu padre y a tu madre." (Marcos 10, 19). Cuando uno comete uno de estos pecados con completo conocimiento y total consentimiento de nuestra voluntad, el individuo está cometiendo un **pecado mortal**.

Los pecados graves incluyen (pero no están limitados a):
- Uso de drogas, abuso de alcohol
- Adoración a ídolos
- Inmoralidad sexual[80]

---

79 Ver el Catecismo de la Iglesia Católica 1850, 1853, 1855.
80 La inmoralidad sexual incluye la pornografía, masturbación, prostitución, bestialidad, sexo en grupo, infidelidad y otras desviaciones sexuales.

- Aborto y otras formas de asesinato
- Los pecados capitales –soberbia, avaricia, envidia, ira, lujuria, gula y pereza[81]

"Pero Cristo nos ha rescatado de la maldición de la Ley, al hacerse maldición por nosotros, como dice la Escritura. Maldito todo el que está colgado de un madero. De este modo la bendición de Abrahán alcanzó las naciones paganas en Cristo Jesús: por la fe recibimos la promesa, que es el Espíritu."
—Gálatas 3, 13-14

El pecado "entraña la pérdida de la caridad y la privación de la gracia santificante, es decir, del estado de gracia. Si no es rescatado por el arrepentimiento y el perdón de Dios, causa la exclusión del Reino de Cristo y la muerte eterna en el infierno; porque nuestra libertad tiene el poder de hacer elecciones para siempre, sin retorno."[82]

Maldiciones

De la misma manera en que una persona puede recibir un objeto bendecido o recibir una bendición de alguien, esa persona también puede poseer un objeto maldecido o puede ser maldecido por otra persona. En el Libro de Deuteronomio, leemos acerca de la maldición que cae en la persona que trae un objeto maldecido al hogar (en este caso un ídolo) (ver Deuteronomio 7, 26). Jesús maldijo la higuera (Mateo 21, 18-22), y Noé maldijo a su hijo Cam (Génesis 9, 18-27).

---

81 Catecismo de la Iglesia Católica 1866.
82 Catecismo de la Iglesia Católica 1861.

♦ Reflexiona. Recibe. Responde.

- ¿Alguna vez has incursionado en lo oculto? ¿Cómo? ¿Te has confesado debidamente?
- ¿Cómo le explicarías a un ser querido los peligros de las actividades ocultas y el pecado grave?

3.5

ORACIÓN DE LIBERACIÓN

El Señor está cerca del corazón deshecho y salva a los de espíritu abatido. (Salmo 34, 17). En cuanto gritan, el Señor escucha, y los libra de todas sus angustias. (Salmo 34, 18)

Si piensas que tu, o un ser querido pueden beneficiarse del ministerio de oración de liberación, tu fe tanto como tu obediencia a las enseñanzas de la Iglesia referentes a la práctica de la liberación ayudarán a garantizar la práctica segura y exitosa de este ministerio. En lugar de depender del uso preciso de una fórmula que no cambia o una secuencia especifica de eventos, el éxito de la oración de liberación o del exorcismo "depende de dos elementos: la autorización de autoridades válidas y lícitas de la Iglesia y la fe del exorcista."[83] **La obediencia** y **la fe** son los dos requisitos para el ministerio de oración.

> *"El Señor es fiel: a ustedes los fortalecerá y preservará del Maligno."* —2 Tesalonicenses 3, 3

---

[83] Malacahi Martin, *Hostage to the Devil: The Possession and Exorcism of Five Contemporary Americans* (San Francisco: Harper, 1976), página 459.

¿Dados la cantidad de salvaguardas que se han impuesto, cómo es posible que una persona laica pueda practicar este ministerio con obediencia?

Neal Lozano es uno de los más destacados profesores católicos de ministerios de liberación. Su libro *Resisting the Devil: A Catholic Perspective on Deliverance* (Our Sunday Visitor, 2010) recibió un imprimátur del Obispo John D'Arcy de South Bend. A pesar de no ser una enseñanza oficial de la Iglesia, la fórmula que presentamos a continuación se basa en la fórmula de Lozano y no viola ninguna enseñanza de la Iglesia con respecto al ministerio de liberación.

> *"Sométanse, pues, a Dios; resistan al diablo y huirá de ustedes." —Santiago 4, 7*

Por favor tomen nota que miembros de los equipos oficiales de oración de "Arise", no les es permitido rezar utilizando la fórmula imperativa sobre un individuo.

Primer Paso: Arrepentimiento

Pedro famosamente dijo, "Arrepiéntanse, y que cada uno de ustedes se haga bautizar en el Nombre de Jesús, el Mesías, para que todos sus pecados sean perdonados" (Hechos 2, 38). Es a través del pecado que lo demoníaco entra a nuestro mundo, y por lo tanto es a través del arrepentimiento y la aceptación del perdón de Dios que una persona empieza a sentir la liberación.

La persona que busca la liberación debe examinar su conciencia (es siempre muy provechoso utilizar un formulario o lista para el examen de conciencia) y escribir sus pecados. Para los católicos, al fin y al cabo es importante llevar al confesionario estos pecados de los que nos hemos arrepentido.

Si esas rezando para ti mismo: *"En el nombre de Jesús, me arrepiento de ___."*

Si estas rezando con otras personas, podrías sugerirle que repita, *"en el nombre de Jesús, me arrepiento de ___."* O le puedes preguntar, *"¿Tienes algunos pecados de los que te quieres arrepentir?"*

Segundo Paso: Perdonar

Las Sagradas Escrituras nos indican muy claramente que no debemos guardar rencores sino más bien perdonar: "Arranquen de raíz de entre ustedes disgustos, arrebatos, enojos, gritos, ofensas y toda clase de maldad. Más bien sean buenos y comprensivos unos con otros, perdonándose mutuamente como Dios los perdonó en Cristo. (Efesios 4, 31-32). Escoger perdonar o no perdonar tiene consecuencias. "Porque si ustedes perdonan a los hombres sus ofensas, también el Padre celestial les perdonará a ustedes. Pero si ustedes no perdonan a los demás, tampoco el Padre les perdonará a ustedes." (Mateo 6, 14-15).

El segundo paso de la oración de liberación es el de ofrecer perdón. La persona por la cual rezas necesita pedirle a Dios que le revele a quien necesita perdonar. Si la persona no puede perdonar, puede rezar por la gracia de desear perdonar. La renuencia a perdonar puede a veces ser la causa que previene a nuestras almas recibir la liberación que tanto ansiamos.

Si estas rezando por ti mismo: *"En el nombre de Jesús, perdono a ___ por ___."* O, *"Jesús, otórgame la gracia de desear perdonar a ___ por ___."*

Si estas rezando por otros: *"¿Hay alguien a quien necesites perdonar?"*

Tercer Paso: Renunciar

Después de haberse arrepentido de sus pecados y haber perdonado, el individuo ya está listo para renunciar al espíritu o espíritus que lo han tomado o influenciado.

Antes de empezar con esta oración, uno debe tomar en cuenta el poder de las palabras. Lo que decimos tiene poder. Una de las palabras más poderosas que vamos a utilizar en el ministerio de liberación es el nombre de Jesús. El Padre Gabriele Amorth nos comparte su experiencia como exorcista:

> *La centralidad de Cristo nos dice que solamente podemos salvarnos en su nombre. Es solamente en su nombre que podemos ganar y liberarnos del enemigo de nuestra salvación, Satán. Al final de los exorcismos más difíciles, cuando estoy frente a una posesión demoníaca total, rezo el himno Cristológico de la Carta de Pablo a los Filipenses (2, 6-11). Cuando digo las palabras "para que al Nombre de Jesús se doble toda rodilla en los cielos, en la tierra y entre los muertos…", me arrodillo, y todos los presentes se arrodillan, y siempre la persona poseída por el demonio también se siente obligada a arrodillarse. Este es un momento muy conmovedor y poderoso.*[84]

Existen otras palabras que son importantes tomar en cuenta. Por ejemplo, la palabra reprender. Reprender es expresar una fuerte desaprobación o crítica. Esta palabra puede a veces traernos a la mente la imagen de una persona gritando, "¡Te reprendo en el nombre de Jesús"! Una buena pregunta para el individuo es, "¿Estás seguro de lo que dices?"

---

[84] Amorth, página 23.

Considera al Arcángel San Miguel en el Libro de Judas:

> *El arcángel Miguel, cuando pleiteaba con el diablo disputándose el cuerpo de Moisés, no se atrevió a pronunciar contra él ninguna palabra de insulto, sino que sencillamente dijo: "¡Que el Señor te reprenda"! (Judas 9)*

Reprender no significa echar algo o exigirle que se vaya. Reprender al diablo quiere decir regañarlo. Si el Arcángel Miguel se rehusó a hacerlo, ¿qué nos hace pensar que está bien hacerlo nosotros?

Lo que realmente deseamos es *renunciar* al espíritu malo. **Renunciar** es declarar formalmente que abandonamos algo o a alguien.

Decimos, *"En el nombre de Jesús, yo renuncio al espíritu de ___."* Estas palabras expresan lo que nosotros realmente queremos decir. Queremos realmente renunciar a nuestra conexión con el demonio. A través del pecado, le hemos dado poder a Satán. Renunciándolo después de arrepentirnos y perdonar, hace que rompamos nuestra relación con Satán y que volvamos a recibir aquello que nos fue quitado.

Otra palabra positiva es *atar*. **Atar** quiere decir "sujetar, ajustar o impedir el movimiento." Cuando renunciamos a un espíritu, este debe salir, pero algunos espíritus pueden hacerlo ruidosamente, para tratar de asustarnos. Al rezar para que el espíritu sea atado en el nombre de Jesús, le estamos pidiendo a Jesús que "ate" al espíritu y no le permita hablar, manifestarse, o causar ningún daño o estrago adicional.

> **Cuando reces para ti mismo:** *"Jesús, te pido que ates el espíritu de ___, y en el nombre de Jesús yo renuncio al espíritu de ___"* (por ejemplo, ansiedad, orgullo, ira, egoísmo, rechazo, culpabilidad…).

Si has estado involucrado en lo oculto: *"Jesús te pido que ates el espíritu de ___ que vino a mi cuando yo ___ (por ejemplo: fui a un adivino, jugué con la Guija….) Y en el nombre de Jesús, renuncio al espíritu de ___. En el nombre de Jesús, retomo mi vida. No voy a participar en estas cosas nunca más."*

Cuando reces por otros: *"¿Podrías pedirle a Jesús que ate el espíritu de ___, y luego renuncias, en el nombre de Jesús, al espíritu de ___?* (por ejemplo, ansiedad, orgullo, ira, egoísmo, rechazo, culpabilidad.).

Si la persona ha mencionado participación en lo oculto, *"¿Podrías pedirle a Jesús que ate el espíritu de ___ y luego renuncias, en el nombre de Jesús, a cualquier espíritu que haya podido haber venido a ti cuando tu ___?"*

Cuarto Paso: Toma la Autoridad

Como lo señalamos en la sección 3.2 de ese capítulo:

> El trabajo salvador de Jesús en la cruz nos otorgó la gracia del perdón de nuestros pecados. A causa de la muerte de Jesús en la cruz, las puertas del cielo se abrieron nuevamente para nosotros. Y también, por su muerte y resurrección, Cristo rompió el poder del demonio y retomó la autoridad sobre el mundo entero.

> *Los fieles cristianos creen que "el mundo […] ha sido creado y conservado por el amor del Creador, colocado ciertamente bajo la esclavitud del pecado, pero liberado por Cristo crucificado y resucitado, una vez que fue quebrantado el poder del Maligno…"*[85]

---

85 Catecismo de la Iglesia Católica 421, citando el Vaticano II *Gaudium et Spes.* 2 €2.

Después de haber renunciado al enemigo, es importante invocar la autoridad de Cristo para romper el poder del demonio.

> **Cuando reces para ti mismo:** *"En el nombre de Jesús, rompo el poder del espíritu de ___. Jesús, te pido que le órdenes salir inmediatamente. Gracias Dios mío."*

> **Cuando reces por otra persona:** *"Ahora, puedes rezar en el nombre de Jesús que el poder del espíritu de ___ se rompa y pídele a Jesús que le ordene que se vaya inmediatamente."*[86]

Quinto Paso: Pedir la Bendición del Padre

El trabajo bueno de Dios no termina con la expulsión de la maldición, sino que va más allá: la restauración de su bendición. En el Libro de Joel, el Señor declara, "Vuelvan a mí con todo corazón" (Joel 2, 12), y la gente respondió con ayuno y rezando por la misericordia de Dios. Dios tuvo misericordia de ellos y declaró,

> *Yo los compensaré por los años que*
> *les devoró la langosta*
> *Y el pulgón, el grillo y la oruga,*
> *mi gran ejército, que contra ustedes*
> *Había mandado.*
> *Comerán y se saciarán,*
> *alabarán el Nombre de su Dios,*
> *Que ha obrado con ustedes de modo maravilloso,*
> *Mi pueblo no será jamás confundido. (Joel 2, 25-26)*

---

86 Toma en cuenta el uso continuo de la fórmula deprecativa. Estamos rompiendo el poder del espíritu, pero no nos estamos dirigiendo al espíritu directamente.

Cuando los corazones de la gente se volvieron a Dios, el Señor no solamente exterminó a la langosta, sino que también les devolvió los años que se les habían quitado debido a la maldición que pesaba sobre ellos. Después de romper la autoridad del enemigo, nosotros, al igual que los Israelitas, debemos rezar para recibir la bendición de Dios Padre.

> **Cuando reces por ti mismo:** *"Padre, bendíceme. Permíteme sentir el gran amor que sientes por mí. Soy tu hijo (o hija) amado (a). Lléname con tu presencia, con tu paz y con tu gozo, Amen."*
>
> **Cuando reces por otros:** *"Padre, bendice a ___. Permítele que sienta tu gran amor. El (o ella) es tu hijo (o hija) amado(a). Llénalo con tu presencia, con tu paz, y con tu gozo. Amen."*

♦ Reflexiona. Recibe. Responde.

- ¿Alguna vez has estado o participado en una oración de liberación? ¿De qué manera fue similar a lo que has aprendido hoy? ¿De qué manera fue diferente?
- Reza la oración de liberación para ti mismo. Reflexiona en tu experiencia personal. ¿Qué frutos encontraste?
- ¿Cómo rezarías la oración de liberación con alguien que no es creyente?

3.6

UNA NOTA SOBRE EL DISCERNIMIENTO DE ESPÍRITUS

Pedro le dijo: "Ananías, ¿Por qué has dejado que Satanás se apoderara de tu corazón? Te has guardado una parte del dinero; ¿Por qué intentas engañar al Espíritu Santo?" (Hechos 5, 3).

Muchas veces, durante una oración de liberación, el individuo puede experimentar la revelación del don de discernimiento de espíritus.

Discernimiento de Espíritus: Una iluminación (conocimiento intuitivo de algo) de Dios la cual le permite a una persona ver a través de la apariencia exterior de un hecho o inspiración con el propósito de juzgar su origen. Las inspiraciones o acciones pueden tener tres orígenes (o "espíritus") –de Dios, de una persona o del demonio. Una vez que haya discernido el origen de dicha situación correctamente, la persona puede entonces proceder con más sabiduría.[87]

Acorde con la infinita creatividad del Espíritu Santo, el don del discernimiento de espíritus se puede manifestar de diferentes maneras; El Santo Padre Pio era famoso por conversar con los ángeles de la guarda de otras personas; Santa Ana Caterina Emmerich tenía la habilidad de discernir si un objeto estaba bendito o no; San Benedicto reconoció al demonio cuando vino disfrazado de mujer y, Santa Gema escribió en su diario que fue visitada en la noche por un demonio chiquito y peludo.

Dado que los laicos están prohibidos de dialogar con espíritus malignos, el don del discernimiento de espíritus puede ser útil para reconocer pecados o espíritus malignos que necesitan ser renunciados, o percatarse de la necesidad de un individuo de la oración de liberación. De esta manera, los equipos de oración pueden ayudar a los individuos a rezar por la liberación sin correr el grave riesgo de desobediencia al conversar con el maligno.

El Monseñor Walsh nos ofrece "señales" que nos pueden ayudar a discernir cuando una inspiración o manifestación **no** es de Dios:

1. Se pierde la paz espiritual sin ninguna razón objetiva.
2. Sentimos ansiedad debido a que no seguimos las exhortaciones de Dios.
3. La tristeza se presenta sin tener un origen definido.
4. La persona siente la tentación de dejar la vida espiritual y abandonar la vida en el Espíritu porque es muy difícil.

---

87   Walsh, página 100.

5. Aparecen miedos que nunca habían existido antes. Tal vez se manifiesta escrupulosidad o un esmero o preocupación de hacer siempre lo que está bien.[88]

Es importante recordar que el "discernimiento es el salvaguarda de la paz del alma"[89] Las Sagradas Escrituras son muy claras: "...busque la paz y corra tras ella" (1 Pedro 3, 11)

El Monseñor Walsh nos dice, "La paz es el resultado de la unión de la voluntad de la persona con la voluntad de Dios...Solamente en esta atmosfera de paz, es que el alma crece en la vida de Dios. Incluso en medio de las pruebas permitidas por Dios, deberá todavía haber una paz interna profunda."[90] Cuando estés analizando el don del discernimiento de espíritus, presta especial atención a la presencia (o carencia) de paz.

---

88 Walsh, página 105.
89 Walsh, página 106.
90 Walsh, página 106.

3.7

NORMAS GENERALES PARA LA ORACIÓN DE LIBERACIÓN

Para ls equipos de oración "Arise" las siguientes normas sirven para facilitar una experiencia positiva de oración y también protegen y guardan las almas de aquellos en oración:

1. ***Santísima Virgen María:*** Aconsejamos a los miembros de los equipos de oración de "Arise" a pedir la intercesión de nuestra Santa Madre y tenerle una devoción muy especial.

   > *No podemos dejar de hacer una reflexión sobre la Virgen María. Si el primer hijo es la Palabra hecha carne, ella, quien sería el medio de la Encarnación, debe haber también estado presente en el pensamiento divino antes que toda otra criatura. De aquí se deriva la relación única de María con la Sagrada Trinidad.*[91]

---

91 Amorth, p. 20.

San Juan de Vianney dijo una vez: "Si tu invocas a la Sagrada Virgen cuando tienes una tentación, ella vendrá inmediatamente a ayudarte, y Satanás te dejará en paz."[92]

2. ***Imposición de las Manos:*** Cuando el ministerio de oración general se convierte en oración de liberación, solamente el líder del equipo puede imponer las manos en el individuo que recibe la oración; sin embargo, los otros miembros del equipo pueden tener sus manos extendidas hacia dicha persona.[93]

3. ***Habla en Voz Alta:*** La palabra hablada tiene poder. Los demonios no pueden leer tus pensamientos. Le aconsejamos a los miembros del equipo de oración de "Arise" que cuando recen la oración de liberación lo hagan en voz alta.

4. ***Sacramentales:*** Todos los sacerdotes de buena estima tienen la facultad de usar las Formas Extraordinarias del Rito de Bendición sobre el agua bendita, la sal y el aceite. Estos sacramentales pueden haber sido entregados a los fieles para su uso personal; sin embargo, el uso del aceite bendecido como un sacramental está prohibido en el contexto de la oración de curación. El agua bendita y la sal si están permitidas.

5. ***Juicio:*** Si una persona confiesa un pecado grave en el contexto de la oración de liberación, no tenemos la autoridad de decidir si el individuo está o no en estado de gracia. "Sin embargo,

---

[92] St. John Vianney, as quoted at Xavier.edu.
[93] Amorth, páginas 96-97.

aunque podamos juzgar que un acto es en sí una falta grave, el juicio sobre las personas debemos confiarlo a la justicia y a la misericordia de Dios."[94]

6. *Uso de Óleos Santos:* Si bien un catequista laico puede llevar a cabo un pequeño exorcismo como parte del Rito de Iniciación Cristiana para Adultos, el uso de óleos santos se reserva para diáconos y sacerdotes.[95]

7. *Exorcismo Solemne:* Una persona laica no puede llevar a cabo un exorcismo legítimo en una persona poseída. Este servicio está reservado para el sacerdote, quien ha recibido el permiso de su obispo para llevar a cabo el exorcismo.[96] Incluso, si un laico obtiene la copia del Rito del Exorcismo, él está prohibido de utilizar dicho texto para rezar por el exorcismo de otra persona.[97]

8. *Exorcismos y Servicios de Curación:* Está prohibido llevar a cabo el ministerio de exorcismo durante cualquier tipo de servicio de curación, en la Misa, con la Oficina Divina o dentro de la celebración de cualquier otro sacramento.[98]

9. *Manifestaciones Públicas:* Los laicos nunca deberán de rezar oraciones de liberación en la forma imperativa sobre ninguna persona ni intentar un exorcismo solemne. Dentro de una

---

94 Catecismo de la Iglesia Católica 1861.
95 Leyshon Exorcismo y Oraciones de Liberación, página 10.
96 Ver Catecismo de la Iglesia Católica; Derecho Canónico 1172§1, §2.
97 Congregación de la Doctrina de la Fe, *Carta a los Ordinarios del Lugar para Recordarles las Normas Vigentes sobre los Exorcismos*, No. 2, 29 de septiembre de 1985, Vaticano.va.
98 Congregación de la Doctrina de la Fe, *Instruction on Prayers for Healing*, artículo 8 €3.

reunión pública, cuando "es necesario que los líderes tomen autoridad sobre alguna manifestación del espíritu maligno para **restablecer la paz en la reunión**... los ministros laicos no deberán rezar oraciones que aten, o intentar desechar a los demonios – más bien deberán seguir hablando al alma de la persona a quien están ayudando para que, asegurándole el amor de Jesús, motiven a su alma "a tomar control de su cuerpo y mente en el nombre de Jesús. Abre tus ojos."[99]

10. *Hablar a los Espíritus Malignos:* Solamente exorcistas autorizados pueden dirigirse a los espíritus malignos y pedirles que revelen sus identidades o hacerles otras preguntas. A los laicos no se les permite, en ninguna circunstancia, que conversen con un espíritu maligno. Se le pide a los Ordinarios que velen para evitar que "Personas sin la debida autorización dirijan reuniones en las cuales se hagan oraciones, para obtener la expulsión del demonio, oraciones que directamente interpelen a los demonios o traten de conocer su identidad."[100] Naturalmente, el discernimiento de espíritus o una palabra de sabiduría, en la cual el Espíritu Santo revela el nombre de un demonio, no es lo mismo que "conversar con un espíritu maligno;" más bien el individuo ha conversado con Dios.

11. *Enfermedades Psicológicas:* Aunque a veces se pueden entre mezclar, existe una clara distinción entre la demonización y las enfermedades mentales.

---

99 Leyshon, página 18.
100 Congregación de la Doctrina de la Fe, *Carta a los Ordinarios del Lugar para Recordarles las Normas Vigentes sobre los Exorcismos*, No. 3.

> ... Las enfermedades, especialmente las enfermedades psicológicas, cuyo cuidado pertenece a la ciencia médica. Por lo tanto, antes de realizar un exorcismo, es importante, asegurarse, antes de celebrar el exorcismo, de que se trata de una presencia del Maligno, y no una enfermedad."[101]

12. *Imperativo versus Deprecativo:* Tomando en cuenta las precauciones de la Iglesia con respecto a la oración de liberación y su preferencia por la oración deprecativa, el ministerio de oración de liberación de "Arise", utilizará solamente la oración deprecativa. Los equipos de oración podrían, con mucha cautela, sugerir al individuo que recibe la oración de liberación que renuncie a ciertos espíritus. Los individuos solamente pueden rezar la oración imperativa sobre ellos mismos.

13. *Transmisión:* El ministerio de liberación no podrá ser transmitido (por televisión, por transmisión multimedia o de cualquier otra manera), sin un permiso directo del Obispo.[102]

14. *Todos los Demonios no son Iguales:* Al igual que los ángeles, los espíritus demoníacos pertenecen a una jerarquía y tienen diferentes poderes, nombres y manifestaciones. Por lo tanto, sería imprudente hacer una declaración diciendo, "Así es como los espíritus malignos operan," o "Así es como los espíritus malignos siempre se manifiestan."[103]

---

[101] Catecismo de la Iglesia Católica 1673.
[102] Congregación de la Doctrina de la Fe, *Instruction on Prayers for Healing*, punto 11, artículo 6.
[103] Ver *Malines Documents IV: Renewal and the Powers of Darkness*, del Cardenal Leo Joseph Suenens. (London: Daron, Longman &Todd, 1983), página 155.

◊ **Reflexiona. Recibe. Responde.**
- ¿Cómo le recomendarías la oración de liberación a un amigo?
- ¿Cómo le recomendarías la oración de liberación a una persona no creyente?
- ¿Cómo responderías si un espíritu maligno empieza a manifestarse mientras estas rezando por un individuo?

práctica
PARA EL CAPÍTULO 3

ejercicio 1

EJERCICIO PERSONAL DE LIBERACIÓN

Instrucciones:

Busca un lugar privado para rezar contigo mismo, usando los cinco pasos de la oración de liberación. En cada paso, puedes tomar nota de cualquier cosa que te venga a la mente. La palabra hablada tiene poder, así que sé valiente y reza en voz alta. Observa cuidadosamente los pecados de los que te has arrepentido y confiésalos la próxima vez que vayas a recibir el sacramento de la Reconciliación.

Primer Paso: Arrepentimiento

Reza, *"Ven Espíritu Santo, ven. Señor, muéstrame las áreas de mi vida en las cuales necesito pedir perdón y arrepentirme de mis pecados."* Si es necesario has un examen de conciencia.

"En el nombre de Jesús, me arrepiento de ___."

Notas:
_____
_____
_____
_____
_____

Segundo Paso: Perdonar

Reza, *"Ven Espíritu Santo, ven. Señor, muéstrame a las personas de mi vida a quienes debo perdonar, y otórgame la gracia para poder perdonarlas."*

"En el nombre de Jesús, perdono a ___ por ___."
O, **"Jesús, otórgame la gracia de desear perdonar a ___ por ___."**

Notas:

_____
_____
_____
_____
_____

Tercer Paso: Renunciar

Reza, *"Ven Espíritu Santo, ven. Muéstrame los espíritus a los que necesito renunciar."*

"Jesús, te pido que ates el espíritu de ___, y en el nombre de Jesús, renuncio al espíritu de ___" (por ejemplo, ansiedad, orgullo, ira, egoísmo, rechazo, culpa).

Si has estado involucrado con lo oculto: **"Jesús, te pido que ates el espíritu de ___ que vino a mi cuando yo ___** (por ejemplo, fui a un vidente, jugué con una Guija…). **Y en el nombre de Jesús, yo renuncio al espíritu de ___."**

"En el nombre de Jesús, tomo nuevamente el control de mi vida. No me involucraré en estas cosas nunca más."

Notas:
_____
_____
_____
_____
_____

Cuarto Paso: Tomar Autoridad

Reza, *"Jesús tú tienes dominio sobre todas las criaturas. Lléname de valentía para creer en tu autoridad y romper las cadenas del pecado y la opresión en mi vida."*

"En el nombre de Jesús, rompo el poder del espíritu de _____. Jesús, te pido que le ordenes salir en este momento. Gracias, Señor."

Notas:
_____
_____
_____
_____
_____

Quinto Paso: Pedir la Bendición del Padre

"Padre, por favor bendíceme. Permíteme sentir tu amor profundo por mí. Soy tu hijo (hija) amado(a). Lléname con tu presencia, con tu paz y con tu gozo. Amen."

Notas:

ejercicio 2
ORACIÓN DE LIBERACIÓN EN GRUPO

Instrucciones:

Divídanse en grupos pequeños para realizar la oración intercesora frente a frente. Siguiendo las normas que has aprendido, ofrécete a rezar por un miembro del grupo.

Depende del individuo "liberarse" a través del arrepentimiento, el perdón, renunciando al maligno, tomar autoridad y pedirle al Padre su bendición. Tu meta es guiar a la persona a través de estos cinco pasos.

Los equipos de oración deberán tener especial cuidado y delicadeza con cualquier forma de oración de liberación. Recuerda mantener un espíritu de paz y tranquilidad durante la sesión de oración.

LOS CINCO PASOS
Arrepentimiento
Perdonar
Renunciar
Tomar Autoridad
Pedir la Bendición del Padre

Notas:

capítulo 4

LOS DONES DE LA PALABRA:
LENGUAS, INTERPRETACIÓN Y PROFECÍA

4.1

LOS DONES VIVOS EL DÍA DE HOY

"***Profecía Verdadera:*** Estaba dirigiendo un retiro de Vida en el Espíritu para mujeres de varias parroquias en Nebraska. El plan para el sábado en la noche, era rezar por las mujeres y pedirles a su vez que rezaran por lo que deseaban que Dios les otorgase. Nos pusieron en parejas para rezar, y la primera persona con quien mi compañera de oración y yo fuimos a rezar, estaba visiblemente nerviosa, aun cuando había escogido el primer asiento. Algo muy extraño sucedió.

Cuando empezamos a rezar en lenguas, tuve la sensación de lo que se sentiría al dar a luz a un bebé. Sentí el gozo físico y espiritual de dar a luz, sin embargo, yo soy una mujer soltera que nunca había tenido esta experiencia. Le susurré a mi compañera de oración que había recibido una palabra, pero no estaba segura si debía compartirla o no. Mi compañera me dijo que ella no tenía ninguna inspiración de Dios y me dijo que compartiera lo que había sentido.

Susurré en el oído de la mujer que no estaba segura de lo que esto significaba, pero sentí el gozo de dar a luz. La mujer empezó a llorar y de alguna manera se sintió consolada, pero no nos explicó lo que Dios estaba haciendo.

Al final de retiro, le pedimos a las participantes que compartieran con el grupo sus experiencias personales durante el retiro. Esta mujer fue una de las primeras en ponerse de pie. Ella nos compartió que recientemente había sufrido un aborto espontáneo, y que esto había entristecido terriblemente a su familia. Ella sintió que Dios estaba con ella y que había respondido a sus oraciones. Y realmente tomó esta palabra como la voz de Dios.

Al siguiente año, regresé a Nebraska. Conocí a Noah, el bebé recién nacido de esta mujer, el cual ella sabía era un regalo de Dios.

Profecía Falsa: Una de las primeras veces que recé en un equipo de oración, el pastor de la parroquia vino a mí para rezar. Yo no podía pensar y ni siquiera rezar porque estaba muy nerviosa. Pienso que las otras personas de mi grupo también se sentían así.

De pronto sugerí un verso de las Escrituras. Le dije que Dios quería que él leyera el Salmo 119. Cuando terminé de decir estas palabras, me di cuenta, para mi asombro, que este es el salmo más largo de libro. Yo realmente no sabía lo que estaba diciendo. Fue muy incómodo. Terminamos nuestra oración de bendición, y el sacerdote gentilmente nos agradeció y nunca lo mencionó."

– Caroline Schutz, Dallas, TX

4.2

LOS DONES DE LENGUAS E INTERPRETACIÓN

Todos quedaron llenos del Espíritu Santo y comenzaron a hablar en otras lenguas, según el Espíritu les concedía que se expresaran. (Hechos 2, 4)

También llamado **glossolalia**, de las palabras griegas *glosso* (que significa "lengua" o "lenguaje") y *lalia* (que significa "hablar, o hacer sonidos"), el don de lenguas y su don complementario, la interpretación, son dos de los nueve ministerios que San Pablo enumeró como ministerios ordinarios de una comunidad eclesial saludable (ver 1 Corintios 12, 10). De todos los carismas del Espíritu Santo, San Pablo ofrece más enseñanzas sobre el don de lenguas que los demás.

> *"La vida en el Espíritu Santo realiza la vocación del hombre."* —CCC 1699

Don de Lenguas: "Un don mediante el cual la persona reza a Dios en un lenguaje que no conoce, simplemente 'cediendo' a la acción del Espíritu Santo. Cuando se "reza en lenguas", la persona no utiliza sus habilidades racionales de memoria o intelecto, los cuales se utilizan cuando se habla o se reza usualmente. Si utiliza las otras facultades asociadas con el lenguaje – los labios, lengua y laringe."[104]

Siguiendo el ascenso de Jesús al cielo, los apóstoles se reunieron en el Cenáculo para rezar y ayunar mientras esperaban la promesa del Padre (ver Lucas 24, 49; Hechos 1, 4-5, 8; 2, 1-4). En la Fiesta de Pentecostés, el Espíritu Santo vino sobre los apóstoles, y se llevaron a cabo dos manifestaciones distintas del Espíritu Santo teniendo que ver con lenguas. Por lo tanto, el don de lenguas se puede entender como dos experiencias distintas y una experiencia complementaria:

1. Oración Personal en Lenguas[105]
2. Lenguas Públicas
3. Interpretación de Lenguas

Oración Personal en Lenguas

En la primera manifestación del Espíritu Santo en la Fiesta de Pentecostés, los apóstoles en el Cenáculo "quedaron llenos del Espíritu Santo y comenzaron a hablar en otras lenguas, según el Espíritu les concedía que se expresaran" (Hechos 2, 4). En esta experiencia privada, compartida solamente por los apóstoles allí reunidos, "el don de lenguas no se utilizó para enseñar sino para adorar a Dios, ya que

---

104 Walsh, página 33.
105 El don de oración personal en lenguas es conocido comúnmente como "lengua de oración" entre muchos grupos carismáticos de los Estados Unidos.

nadie más estaba presente para escucharlos."[106] Esta fue la primera vez que las Escrituras mencionan la oración personal en lenguas.

Oración Personal en Lenguas: Una de las dos manifestaciones del don carismático de lenguas. Este don permanente puede ser anhelado por el individuo en cualquier momento y se considera el umbral para recibir otros dones del Espíritu Santo. Aunque a veces puede parecer similar al don de lenguas público, la oración personal en lenguas está destinada para el individuo, no para el público en una reunión.

Usualmente, el don de oración personal en lenguas aparece muy temprano en la vida de oración de la persona, y a diferencia de otros dones del Espíritu Santo, parece que está disponible a todos. De acuerdo con el Mons. Walsh, el don "parece ser casi universal, de forma tal, en general, que se puede decir que todos debemos animarnos a ceder a la oración en lenguas."[107] San Pablo escribe en su carta a los Corintios, "Me alegraría que todos ustedes hablaran en lenguas…(1 Corintios 14, 5). Aun cuando considerado el "umbral a los otros dones"[108] ceder a este don no es un requisito para la salvación, ni tampoco es la experiencia más plena o grande de Espíritu Santo (ver 1 Corintios 12, 30).

Este don especial del Espíritu Santo parece tener los siguientes elementos característicos:

---

106 Walsh, página 35.
107 Walsh página 34.
108 Walsh página 34.

Don Permanente

A diferencia de los otros dones carismáticos, los cuales no se manifiestan de manera consistente (por ejemplo, en las oraciones de curación, a veces ocurre una curación milagrosa, y otras veces no), ceder al don de la oración personal en lenguas puede ocurrir de manera consistente en cualquier momento.[109]

De hecho, "la oración en lenguas es una habilidad permanente dada a la persona...mediante la cual la persona, en cualquier momento, puede rezar a Dios en un lenguaje que no conoce y el cual no es el resultado de sus habilidades intelectuales."[110]

Experiencia Acústica del Lenguaje

Cuando el individuo cede al don por primera vez, este "usualmente suena como cinco o seis palabras repetidas de diferentes maneras."[111] Cuando va pasando el tiempo y el individuo continúa utilizando este don, el lenguaje empieza a evolucionar. La evolución de este don incluye un aumento en el número de sonidos o palabras, cambio en el lenguaje y una sensibilidad más profunda al impulso (o deseo) de rezar en lenguas.

---

[109] A veces, aquellos que apenas han empezado a rezar la oración personal en lenguas, pueden tener sentimientos de temor, inseguridad o duda que interfieren con el uso de este don. Durante este tiempo la persona puede inclusive pensar que ha perdido la habilidad de ceder al don de la oración personal en lenguas. Se le aconseja al individuo que está pasando por esta situación que busque a otros que participen en la oración.

[110] Walsh, página 40. Es importante señalar que, a pesar de que el individuo desee ceder a l don de oración en lenguas, puede no poseer dicho don. Al igual que con los otros dones carismáticos, el poder siempre viene de Dios.

[111] Walsh, página 34.

El don de la oración personal en lenguas no es jeringonza; este tiene "todas las cualidades normalmente asociadas con un idioma–acentos, patrones, cadencia, etc."[112] Normalmente, cuando escuchamos la oración en lenguas es similar a escuchar a una persona hablar en un idioma extranjero. Sin embargo es importante señalar que, "No es necesario que una oración en lenguas sea realmente un idioma. Sólo es suficiente que sea una nueva manera de rezarle a Dios, concedida por el Espíritu de Dios, y que sea identificada con la oración en lenguas como están descritas en la Biblia."[113]

La Traducción no es Necesaria

Si bien el don de lenguas esta siempre bajo el control del individuo (él puede empezar o parar a su gusto), el individuo no está en control de las palabras que está diciendo y muchas veces ni siquiera puede entender lo que está diciendo. Como dice San Pablo, "Cuando oro en lenguas, mi espíritu reza, pero mi entendimiento queda inactivo." (1 Corintios 14, 14).

Uno de los elementos que diferencia la oración en lenguas privada de la pública es el elemento de la interpretación. "El que habla en lenguas habla a Dios, pero no a los hombres, pues nadie le entiende cuando habla en espíritu y dice cosas misteriosas." (1 Corintios 14, 2). La oración pública en lenguas deberá siempre tener una traducción; sin embargo, una oración personal en lenguas, aunque aconsejable, no requiere una traducción.

---

112 Walsh, página 36.
113 Walsh, página 36.

No obstante, se han reportado ocasiones en las cuales una oración personal en lenguas ha sido interpretada. El Mons. Walsh describe algunas experiencias en un grupo de oración que él dirigió en Filadelfia:

> *"Una Madre Provincial de Irlanda, que estaba visitando Filadelfia, estaba escéptica del Movimiento Carismático hasta que escuchó a un niño italiano rezar en gaélico... Dos personas diferentes en la comunidad de oración rezaron en latín y sus oraciones fueron traducidas por un sacerdote."*[114]

Pareciera Desafiar la Razón

Hablar en un idioma que uno no entiende parece una ofensa a la razón. Sin embargo,

> *"El don no ofende la razón pero, como todas las acciones misteriosas de Dios, le pide a la razón que se someta al misterio que no puede entender adecuadamente.*
>
> *Debemos señalar que el lenguaje es una facultad muy única –en la cual se utilizan órganos de los sentidos, comunes a los de animales (lenguas, labios, etc.), para una actividad racional; por ejemplo, para la comunicación de ideas. Parece apropiado que Dios pudiera "tocar" esta facultad única donde la mente y la materia se unen y concedernos un signo poderoso de Su presencia."*[115]

---

114 Walsh, página 37.
115 Walsh, página 36.

Puede Causar Dificultades en la Comunidad

Como rezar utilizando una oración personal en lenguas es una experiencia común, podría darse el caso que muchos miembros de una comunidad desearían reunirse para una reunión de oración y rezar todos en sus propias oraciones personales en lenguas. Los participantes de dichas reuniones reportan sentir emociones de paz y un sentido profundo de la presencia del Espíritu Santo.

Sin embargo, pastoralmente hablando, cuando hay extraños o personas nuevas al grupo, presentes en una congregación rezando juntas, si cada uno reza su oración personal en lenguas, esto puede causar confusión, incomodidad y algunas veces el rechazo a los dones espirituales. San Pablo nos advierte esto: "Con todo, supongan que la Iglesia entera estuviera reunida y todos hablasen en lenguas y entran personas no preparadas o que todavía no creen. ¿Qué dirán? Que todos están locos." (1 Corintios 14, 23).

Imagínese estar en una habitación donde la gente está hablando una con la otra en un idioma extranjero, y a nadie se le ha ocurrido incluirle, traduciendo lo que están diciendo. Teniendo esto en cuenta, le aconsejamos a aquellos que rezan utilizando una oración personal en lenguas que sean caritativos cuando cedan al don, para así no incitar ninguna resistencia y confusión innecesaria entre los no creyentes o curiosos. "Aunque hablara todas las lenguas de los hombres y de los ángeles, si me falta el amor sería como bronce que resuena o campana que retiñe" (1 Corintios 13, 1).

Acoger el Don

La primera aparición del don de lenguas puede darse de diferentes maneras. Las Escrituras nos narran como los creyentes cedieron el don de lenguas por primera vez:

- Los apóstoles cedieron el don después de un periodo de oración y ayuno en el Cenáculo. De repente, fueron sobrecogidos por el Espíritu Santo y "todos quedaron llenos del Espíritu Santo y comenzaron a hablar en otras lenguas, según el Espíritu les concedía que se expresaran" (Hechos 2, 4).
- Aquellos en Éfeso primero cedieron cuando Pablo impuso sus manos sobre ellos después del bautismo: "…y al imponerles Pablo las manos, el Espíritu Santo bajó sobre ellos y empezaron a hablar lenguas y a profetizar" (Hechos 19, 6).
- Los Gentiles de Cesárea primero recibieron el don de lenguas después de escuchar a Pedro proclamar el Evangelio de Jesucristo:

Todavía estaba hablando Pedro, cuando el Espíritu Santo bajó sobre todos los que escuchaban la Palabra. Y los creyentes de origen judío, que habían venido con Pedro, quedaron atónitos: "¡Cómo! ¡Dios regala y derrama el Espíritu Santo también sobre los que no son judíos!" Y así era, pues les oían hablar en lenguas y alabar a Dios. (Hechos 10, 44-46)

Le aconsejamos a los cristianos bautizados que quieren rezar en lenguas, que le pidan a Dios este don, y que vivan de tal manera que ayude a la disposición del Individuo para acoger al Espíritu Santo. Aquí les señalamos algunas notas adicionales de cómo acoger el don de lenguas:

- La primera vez que la persona cede al don de lenguas, puede experimentar ciertas consolaciones (tales como una sensación de energía repentina, calor, un sentido sobrecogedor y fuerte de paz); sin embargo, esta experiencia de consolación no es necesaria para asegurar la autenticidad del don. Para muchas personas, rezar en su lengua de oración puede venir tan naturalmente y sin ninguna emoción que cuando están hablando.
- Puede haber diferentes razones (no es el momento adecuado, nervios, inseguridades, medio ambiente poco propicio, duda, la voluntad de Dios, etc.) por las cuales un individuo no pueda ceder al don de lenguas. La sesión de práctica se debe repetir con este individuo.
- Dice el Mons. Walsh:

A veces sucede que una persona que ha "cedido al don de lenguas" puede llegar al día siguiente y decir que ha "perdido el don". Es como cuando un niño pequeño que monta su bicicleta y luego dice "se me olvidó como hacerlo."

Si esto sucede, debemos ayudar a la persona a ceder nuevamente. También debemos aconsejarle que rece frecuentemente en lenguas para así obtener confianza en la utilización del don.[116]

El ejercicio 1 en la sesión de práctica de este capítulo tiene como objetivo específico ayudar al individuo a ceder al don de lenguas.

---

116 Walsh, página 39.

Beneficios de la Oración en Lenguas Personal

La oración en lenguas tiene muchos beneficios.

A pesar de los años de experiencia, los carismáticos católicos no han descubierto todos los efectos de este don. Sin embargo, podemos mencionar los siguientes:

- Ayuda al individuo a cumplir con la orden de Cristo de rezar siempre.
- Es una ayuda para reflexionar y nos lleva a una oración más ferviente.
- Es el umbral a los ministerios carismáticos –el uso de la oración en lenguas de alguna manera sensibiliza a la persona a ceder a otras actividades carismáticas del Espíritu Santo.
- Es un signo personal y concreto de la acción de Dios en el interior del individuo.
- Es un arma poderosa contra Satanás.
- Es un medio efectivo de oración intercesora, especialmente cuando la persona no sabe exactamente sobre qué rezar.[117]

Resumen del Don de la Oración en Lenguas Personal

* Usualmente aparece muy temprano en nuestra vida de oración; sin embargo, puede aparecer en cualquier momento, ya que su aparición depende del movimiento de Dios, no del mérito del individuo
* Está destinado principalmente para el individuo

---

117 Walsh, páginas 37-38.

- Es casi universal, de modo que todos deben ser alentados a ceder a la oración en lenguas
- Es una habilidad permanente
- Se utiliza libremente
- No requiere una traducción
- Puede actuar como el umbral para recibir otros dones del Espíritu Santo

Lenguas Públicas

La segunda manifestación del Espíritu Santo también ocurre en la Fiesta de Pentecostés, cuando los apóstoles salen y empiezan a predicar a la gran multitud: "Estaban de paso en Jerusalén judíos piadosos, llegados de todas las naciones que hay bajo el cielo. Y entre el gentío que acudió al oír aquel ruido, cada uno los oía hablar en su propia lengua. Todos quedaron muy desconcertados" (Hechos 2, 5-6). El don de lenguas fue una manera sobrenatural utilizada por el Espíritu Santo para comunicarse con la muchedumbre que se había reunido. Este don estaba destinado para uso público, y así lo entendieron los miembros de la asamblea.

> **Oración Pública en Lenguas:** "Una manifestación pasajera del Espíritu Santo a un individuo…durante una reunión de oración carismática, donde la persona se siente inspirada a hablar en lenguas en voz alta, lo cual deberá estar acompañado por el don complementario de la interpretación. El uso de los dones de lenguas y de interpretación es muy semejante al don de profecía."[118]

---

[118] Walsh, página 51.

Estas son algunas características de las lenguas públicas:

Una Manifestación Pasajera

A diferencia de la oración personal en lenguas, el don público de lenguas no es un don permanente sino (como otros dones carismáticos) una manifestación pasajera del poder de Dios. Normalmente, el individuo siente un impulso del Espíritu Santo a dirigirse a la comunidad en lenguas.

> *Usualmente, la persona es un miembro maduro de la comunidad, quien se ha hecho muy sensible a los movimientos de Dios. Esta sensibilidad toma en consideración las circunstancias de la reunión de oración y un toque o unción interno. Cuando la persona reconoce el movimiento de Dios, lo acoge como obra de su voluntad, hablando en voz alta, por sí mismo, en lenguas.*[119]

Debe ser Interpretada

La diferencia entre las lenguas públicas y la oración personal en lenguas es que la primera deberá siempre tener una interpretación. San Pablo enfatiza esto muchas veces a la iglesia de Corinto:

> *Supongan, hermanos, que yo vaya donde ustedes hablando en lenguas. ¿De qué les serviría si no les llevase alguna revelación, con palabras de conocimiento, profecías o enseñanzas? Lo mismo ocurre con ustedes y sus lenguas.*

---

[119] Walsh, página 54.

> *¿Quién sabrá lo que han dicho si no hay palabras que se entiendan? Habrá sido como hablar al viento.*
> *(1 Corintios 14, 6-9)*

> *Doy gracias a Dios porque hablo en lenguas más que todos ustedes. Pero cuando me encuentro en la asamblea prefiero decir cinco palabras mías que sean entendidas y ayuden a los demás, antes que diez mil lenguas.*
> *(1 Corintios 14, 18-19)*

San Pablo también recomienda la interpretación para la edificación de la comunidad:

> *Si alabas a Dios sólo con el espíritu, ¿Qué hará el que se conforma con escuchar? ¿Acaso podrá añadir 'Amén' a tu acción de gracias? Pues no sabe lo que has dicho. Tu acción de gracias habrá sido maravillosa, pero a él no le ayuda en nada. (1 Corintios 14, 16-17)*

Un Sentido de Orden

Nuestro Dios es un Dios de orden, y debemos usar la oración pública en lenguas de manera que respete esta naturaleza de Dios. San Pablo nos enseña, "Por lo tanto, hermanos, aspiren al don de la profecía y no impidan que se hable en lenguas, pero que todo se haga en forma digna y ordenada."(1 Corintios 14, 39-40). Él nos recomienda, "¿Quieren hablar en lenguas? Que lo hagan dos o tres al máximo, pero con limitación de tiempo, y que haya quien interprete. Si no hay nadie que pueda interpretar, que se callen en la asamblea y reserven su hablar en lenguas para sí mismo y para Dios." (1 Corintios 14, 27-28).

Aquí San Pablo hace dos recomendaciones:
1. Aquellos que se dirijan a la comunidad a través del don de lenguas pueden hablar uno a la vez (no juntos, ni hablando uno sobre el otro), seguido por una interpretación.
2. Si no hay un intérprete, se debe rezar en lenguas en privado y en silencio.

Resumen del Don de Lenguas en Público

* Es una manifestación pasajera, provocada por el Espíritu Santo
* Debe estar inmediatamente acompañada del don de la interpretación
* Deberá realizarse de manera ordenada, con no más de dos o tres personas hablando, una a la vez

Interpretación de Lenguas

Debido a que el don de oración pública en lenguas requiere de una interpretación, es importante definir este don complementario:

> **Interpretación:** "El don de interpretación es el poder dado al individuo de decir, en la lengua vernácula, el significado general de lo que se ha dicho en voz alta utilizando el don de lenguas."[120]

El don de hablar públicamente en lenguas, cuando es interpretado, ayuda a edificar la Iglesia. San Pablo señala cuatro cosas que hacen

---

120 Walsh, página 53.

que el uso de las lenguas en público sea beneficioso: "revelación, palabras de conocimiento, profecía", y "enseñanza" (1 Corintios 14, 6).

Cediendo al don de Interpretación

De acuerdo con la creatividad del Espíritu Santo y la individualidad de la persona, el don de interpretación puede tener diferentes formas. Un individuo puede escuchar a otra persona rezar en lenguas como si la persona estuviera "hablando su propio idioma" (Hechos 2, 6). Otros pueden tener palabras o frases que les vienen a la mente cuando escuchan una oración en lenguas. San Pablo aconseja a aquellos que hablan en alguna lengua que pidan a Dios que también la puedan interpretar. (ver 1 Corintios 14, 13).

Para ceder al don de la interpretación, se recomienda primero que uno le pida a Dios con fe, el don del entendimiento. "La persona deberá pedir con la fe de un niño, que Dios le hable."[121] Es importante que el individuo no trate de ingeniarse palabras apropiadas o inventar interpretaciones sino que debe esperar la inspiración. "A menudo, al ir juntándose las palabras para formar una oración, la persona se sentirá "urgido" a compartirlo para el bien de la comunidad."[122] Luego la comunidad podrá examinar la interpretación para discernir si la palabra vino realmente del Espíritu Santo.

Después de tener mucho tiempo cediendo al don de la interpretación, este don del Espíritu Santo podría desarrollarse en la persona en forma de un ministerio de interpretación. De esta manera pode-

---

121 Walsh, página 55.
122 Walsh, página 55.

mos ser como San Pablo cuando dice, "¿Está bien esto? Debo rezar con mi espíritu, pero también con mi mente. Cantaré alabanzas con el espíritu, pero también con la mente." (1 Corintios 14,15)

Examinando el Don

Al igual que los otros dones del Espíritu, la interpretación deberá ser examinada. San Juan nos aconseja: "Queridos míos, no se fíen de cualquier inspiración. Examinen los espíritus para ver si vienen de Dios, porque andan por el mundo muchos falsos profetas." (1 Juan 4,1).

El Mons. Walsh nos aconseja: ...*Después de utilizar el don de lenguas...se siente cierta quietud o silencio (y esto deberá fomentarse deliberadamente). Durante este periodo, la gente le pide a Dios que les hable. Frecuentemente, los miembros experimentan la actividad carismática de frases u oraciones que vienen a sus mentes. Estos pensamientos deben ser examinados para ver si realmente vienen de Dios. Si la persona siente que sí lo son, entonces deberán compartir las palabras en voz alta.*[123]

Los siguientes son indicadores que una interpretación es verdadera:

- Varios miembros del grupo reciben la misma interpretación.
- La interpretación trae consigo los buenos frutos del Espíritu Santo, tales como el gozo y la paz entre los miembros reunidos.

"Si ninguno de estos ... dos están presentes, entonces el grupo deberá suspender el juicio de saber si fue o no Dios quien verdaderamente habló."[124]

---

123 Walsh, página 55.
124 Walsh, página 55.

Creciendo en el Don de Interpretación

El individuo puede promover el crecimiento del don de interpretación de diferentes maneras. Si bien no es una lista completa, las siguientes son algunas recomendaciones:

1. Pídele a Dios el don de interpretación.
2. Experimenta con el don cuando estés rezando con un grupo de oración privado o con miembros de tu clase. El Mons. Walsh nos enseña: *...Si mientras una persona está hablando en lenguas, el Espíritu parece incitar al individuo con un pensamiento, la persona, después de un corto tiempo de discernimiento en oración, deberá compartir esas palabras con la comunidad, y después aceptar el discernimiento de la comunidad sobre el don (de interpretación).*[125]
3. Reza para obtener la gracia de poder vencer cualquier timidez o temor de dirigirse al grupo con una interpretación.
4. Reza para obtener la sabiduría de ser sensible a los llamados del Espíritu Santo. "La persona no debe esperar a tener una certeza perfecta que sus palabras vienen del Espíritu. Dar un paso en la fe es siempre un elemento importante en el crecimiento del don."[126]

Resumen del Don de Interpretación de Lenguas

* Siempre le sigue al don público de hablar en lenguas
* Es un don complementario al don público de hablar en lenguas

---

125 Walsh, página 56.
126 Walsh, página 56.

* Es de beneficio para la comunidad cuando conlleva revelación, sabiduría, profecía o una palabra de enseñanza
* No es necesario que sea una traducción exacta sino un "sentido" de lo que Dios está diciendo

Abusos de los Dones de Lenguas e Interpretación

Los siguientes ejemplos son posibles abusos del don de lenguas y de interpretación:

Lenguas Falsas

Tal como una persona puede ceder al Espíritu Santo y rezar en lenguas, un individuo también puede, en muy raras ocasiones, ceder a un espíritu falso. Uno puede reconocer una lengua falsa porque usualmente, tales lenguas "son descontroladas, severas e inquietantes. El discernimiento de una lengua falsa es bastante fácil para cualquier líder con experiencia."[127]

Si un individuo sabe que ha rezado de esta manera falsa, se le deberá de aconsejar que hable con un sacerdote para ver qué ha podido predisponer al individuo a esta actividad. "Usualmente, esto tiene su origen en el reino de la oscuridad."[128]

Uso Público sin Recibir Inspiración

A veces, ya sea debido a ignorancia, inmadurez, inexperiencia o necesidad de aceptación y aprobación, un individuo puede dirigirse

---

127 Walsh, página 57.
128 Walsh, página 57.

a la asamblea en su oración pública en lenguas sin haber recibido el impulso del Espíritu Santo para hacerlo. En estos casos, no podrá darse el don complementario de la interpretación, y la congregación no se edifica debido a la falta de entendimiento.

Falsa Interpretación
"El don de interpretación está expuesto al mal uso, ya que la comunidad carismática normalmente conoce las enseñanzas de San Pablo, las cuales indican que la interpretación debería seguir al don de hablar en lenguas, y por lo tanto, podría poner cierta presión y "forzar" una interpretación en ese momento. Obviamente, el mal uso del don de lenguas puede fácilmente llevar al uso igualmente equivocado del don complementario de interpretación.[129]

♦ Reflexiona. Recibe. Responde.

- ¿Has visto a alguien rezando en lenguas? ¿Cuál fue tu experiencia?
- ¿De qué manera piensas tu que los dones de lenguas y de interpretación pueden ayudar a un individuo? ¿a una comunidad?

---

129   Walsh, página 57.

4.3

EL DON DE PROFECÍA

Busquen el amor y aspiren a los dones espirituales, especialmente al don de profecía. (1 Corintios 14:1)

San Pablo menciona el don de profecía como uno de los nueve ministerios carismáticos regulares que deberán estar presentes en cada iglesia local. Profecía viene del griego phophetia, que significa "don de interpretar la voluntad de Dios". En hebreo, la palabra *profeta es nabí*, que significa "intérprete y portavoz de Dios."

La primera persona en recibir el título de profeta (*nabí*) en el Antiguo Testamento fue Abrahán. (ver Génesis 20,7). Muchos profetas aparecieron después de Abrahán, incluyendo Aarón, Isaías, Jeremías y otros. Dios daba a conocer su voluntad a estos profetas de diferentes maneras: a algunos se les aparecía en una visión; a otros, Dios les revelaba sus pensamientos en un sueño; y con otros, hablaba cara a cara (ver Números 12, 6-8).

Si bien Jesús nunca se llamó a si mismo de forma explícita, profeta, él se reveló como uno, cuando dijo: "Si hay un lugar donde un profeta es despreciado, es en su patria y en su propia familia." (ver Mateo 13, 57), y nuevamente, cuando les permitió a otros llamarlo profeta (ver Lucas 7, 16). "Jesús cumplió la esperanza mesiánica de Israel en su triple función de sacerdote, profeta y rey."[130]

Cristo demostró profecías varias veces en el Evangelio, incluyendo cuando profetizó la negación de Pedro; la pasión, muerte y resurrección; y las muchas maravillas que los apóstoles serían capaces de hacer en su nombre (ver Mateo 26, 30-35; Juan 14,12). Este don especial de profecía fue uno de los muchos dones otorgados a los apóstoles en al Cenáculo y actualmente todavía está vivo y activo en la Iglesia de hoy.

Profecía Verdadera

Una profecía verdadera "puede instruir tanto al individuo como a la comunidad acerca de …las gracias que debemos buscar de Dios, acciones que deben realizarse, actitudes que hay que inculcar o desechar, y eventos que preparar."[131] La profecía usualmente trae consigo la edificación, exhortación y el consuelo, a una persona o a la comunidad. Las declaraciones pueden estar relacionadas con eventos pasados o futuros.

Debido a que una profecía se comunica a través de una persona humana, existe el riesgo de mezclar el espíritu humano y hasta de declarar profecías falsas. "Debido a que la profecía es un don extremadamente poderoso, debe ser entendido, [debe] estar rodeado de

---

130 Catecismo de la Iglesia Católica 436
131 Walsh, página 60.

salvaguardas y estar sujeto a la tutela del liderazgo."[132] Aquí vamos a discutir la naturaleza y la práctica de la profecía, así como las salvaguardas que deben acompañarla.

> **Profecía:** "Es el don mediante el cual Dios manifiesta al hombre Sus propios pensamientos para que el mensaje pueda ser dado a un individuo o a un grupo de individuos, o a la comunidad."[133]

La profecía puede manifestarse de manera pública o privada, dirigida a toda una comunidad o a un solo individuo.

> **Profecía Pública** se comparte en una reunión pública—por ejemplo, durante un servicio de oración que se ha anunciado al público.

> **Profecía Privada** se comparte ya sea con un sólo individuo o a un grupo privado determinado—por ejemplo, miembros de un grupo de apoyo personal de uno.

> **Profecía Personal**, dada pública o privadamente, está destinada exclusivamente para un individuo en lugar de para un grupo.

El don de la profecía cuenta con los siguientes elementos:

> ***Un Don para Todos***
> En el Antiguo Testamento, Moisés le dice a Josué, "¡Ojalá

---

[132] Walsh, página 59.
[133] Walsh, página 60.

que todo el pueblo de Yavé fuera profeta, que Yavé les diera a todos su espíritu!" (Números 11, 29). En el Nuevo Testamento, San Pablo declara, "Me alegraría que todos ustedes hablaran en lenguas, pero más me gustaría que todos fueran profetas." (1 Corintios 14, 5). Las Escrituras nos sugieren que es deseable que todos los creyentes cedan al don de profecía. "Todos ustedes podrían profetizar, pero uno por uno, para que todos aprendan y todos sean motivados." (1 Corintios 14,31).

Varias Formas Diferentes

Una profecía puede llegar a un individuo de diferentes maneras: un sueño, una visión, un pensamiento y hasta a veces un sonido auditivo (ver Números 12, 6-8). El Mons. Walsh reflexiona sobre una experiencia común de profecía entre individuos:

> *"La persona percibe ciertas palabras o frases pasando por su mente. O tal vez una imagen viene a su imaginación, al parecer, "de la nada". En otras palabras, la persona percibe la acción de Dios y dicha actividad divina tiene como resultado un mensaje comprensible. Las maneras en que esto ocurre parece variar grandemente. Algunos reciben oraciones completas, mientras otros al parecer solamente reciben una palabra a la vez. Otros, no tienen palabras, sino el sentido de un mensaje. Después de un tiempo, la persona reconoce y entiende como Dios los toca en la profecía. Un aspecto que parece ser común es que el uso de la oración en lenguas sensibiliza a la persona a ceder a este don.*[134]

---

134 Walsh, página 62.

El Entendimiento Inicial No es Necesario
No es necesario que la persona que entrega la profecía entienda el significado. Sin embargo, la persona debe hacer un esfuerzo para entregar el mensaje tal cual ha sido recibido.

> *"...La persona que está profetizando puede no saber exactamente lo que la profecía significa. Sin embargo, la persona para quien está dirigida la profecía sabrá lo que significa. Nuevamente, se deberá usar el discernimiento, pero si la persona (entregando la profecía)...no tiene idea del problema o la decisión que la otra persona está enfrentando, entonces esto le dará más credibilidad de que la profecía viene de Dios que si la persona tuviera conocimiento, por causas naturales, del problema de la otra persona."*[135]

Puede Carecer de Emoción
Algunas veces el individuo que entrega o recibe una profecía puede recibir consolaciones, tales como un intenso sentir de la presencia y la paz de Dios. Estas consolaciones no son esenciales para que el don sea auténtico, por lo tanto, deben recibirse con gratitud.

Buen Fruto
Una verdadera profecía edifica, enseña, motiva o consuela al individuo o la comunidad que recibe esta profecía. Los buenos frutos del Espíritu Santo siguen a una verdadera profecía. "Una verdadera profecía tiende a darnos paz y gozo, aun cuando señala las fallas de la comunidad."[136]

---

[135] Walsh, página 68.
[136] *Key to the Catholic Charismatic Renewal*, Mons. Vincent Walsh, página 53.

Cediendo a la Profecía

Si un individuo piensa que Dios está trabajando dentro de él de esta manera, "la persona deberá mantenerse en oración profunda, un tanto pasivo y como un niño, pedirle a Dios que lo ayude a cooperar con esta gracia. El deberá permitirle a Dios influir en su intelecto, su memoria y su imaginación y comenzar a buscar qué es lo que Dios quiere que diga. Al cooperar activamente, sentirá con cierta certeza que Dios le está moviendo a profetizar y al menos tendrá la certeza de las primeras palabras. Al decir estas palabras "en fe," las demás serán dadas."[137]

Confirmando la Profecía

Después de que la profecía se ha compartido, es importante que la palabra se discierna para determinar si la profecía es verdadera, falsa o no es una profecía. "Cuando la persona "da un paso en fe" y entrega una profecía, todavía no está totalmente seguro de que su profecía viene de Dios. La 'confirmación' es necesaria para que la persona y la comunidad obtengan la certeza que se necesita."[138]

1. **Verdadera Profecía:** "un mensaje de Dios destinado a la comunidad o a un individuo."[139] Esta profecía no contradice las enseñanzas de la Iglesia. Usualmente, incluye una o más de las siguientes señales:
   - La persona que recibe la profecía ha recibido un mensaje profético similar anteriormente. Por ejemplo, tres

---

137 Walsh, página 63.
138 Walsh, página 63.
139 Walsh, página 64.

individuos, independientemente el uno del otro, podrían acercarse a una mujer y darle una palabra profética similar o igual.
- La profecía se convierte en realidad.
- Las palabras "tienen impacto" sobre el individuo o la comunidad que recibe la profecía.
- La profecía "corresponde con la palabra interna que Dios está inspirando dentro de la persona – de esta manera las actividades internas y externas de Dios están en harmonía."[140]
- Los frutos del Espíritu Santo están presentes.

2. **No-Profecía:** "una declaración general – normalmente piadosa o que pareciera de las Escrituras, que viene del espíritu humano de la persona y no del Espíritu Santo de Dios. Esto normalmente no causa ningún daño al grupo y se diferencia de una verdadera profecía porque no viene de Dios y carece del poder de fortalecer a la comunidad o animar a sus miembros."[141] Estas son algunas señales de lo que es una no-profecía:
   - La profecía no tiene ningún "impacto" con nadie en la comunidad, o en el caso de una profecía personal, con el individuo que la recibe.
   - Si se trata de eventos futuros, la profecía no se cumple.
   - La profecía no conlleva la edificación, exhortación o consuelo, pero tampoco trae un mal fruto. "Las no-profecías no traen frutos – buenos o malos. A pesar de no

---

140 Walsh, página 72.
141 Walsh, página 64.

tener un efecto preocupante, no tiene el poder de un don carismático verdadero."[142]

3. **Profecía Falsa:** "una expresión que viene del espíritu del mal y trae con ella muchos efectos dañinos, tales como, la interrupción de la reunión de oración o confusión entre los líderes o miembros de la comunidad de oración. Las profecías falsas son normalmente muy raras y la mayoría de las comunidades de oración parecen tener más problemas con aquellas que son no-profecías." Estas son algunas señales de una profecía falsa:[143]
    - La profecía causa perturbación, temor, vergüenza, desorden, confusión, ansiedad u otros frutos malos.
    - La profecía lleva a la persona o la comunidad a hacer algo contrario a la voluntad de Dios. Por ejemplo, una palabra profética anima a una persona a violar la ley de Dios o las enseñanzas de la Iglesia.
    - Hay una falta de paz.

Normas Generales para el Don de la Profecía

La profecía requiere de muchas salvaguardas. Por favor considera lo siguiente:

1. ***Debes discernir la pureza de una profecía:*** Incluso cuando es Dios quien habla, la experiencia teológica del profeta y su estado emocional, así como la atmósfera en la cual se entrega

---

142 Walsh, página 65.
143 Walsh, página 64.

la profecía, puede llevar al individuo a modificar, revertir, o hasta aumentar algo a la profecía, por lo tanto, distorsionando la palabra profética. "Así como el agua que pasa a través de tuberías oxidadas terminan como agua oxidada, así también en la profecía, el mensaje de Dios puede ser modificado por la condición humana de la persona, a pesar de que la persona esté experimentando una verdadera actividad carismática de Dios."[144] Cuando escuches una profecía, entiende que "partes de la profecía pueden venir de Dios y otras de la persona."[145]

2. **Dale tiempo:** Para las profecías predictivas, "el elemento 'tiempo' es extremadamente difícil de discernir. Así es que una profecía podría ser cierta pero su cumplimiento podría tomar muchos años."[146]

3. **Busca el Fruto del Espíritu:** Una profecía verdadera traerá consigo los frutos del Espíritu Santo, incluso si la profecía es una amonestación. Las emociones, tales como la ansiedad, vergüenza, miedo, etc. son normalmente señales de que el mensaje entregado no es profecía cierta y pura.

4. **Comparte la profecía honesta y abiertamente:** Debido a que la pureza de la profecía siempre está en riesgo, es importante que la profecía sea comunicada a la comunidad o al individuo de manera que permita al otro aceptar o rechazar la profecía.

---

144 Walsh, página 66.
145 Walsh, página 67.
146 Walsh, página 67.

Pregunta, por ejemplo, "¿Tiene esto algún sentido para ti? o "¿Tiene esto algún significado para ti?".

5. ***Somete una profecía pública al discernimiento apropiado:*** Cuando recibas una palabra profética para el público, se le aconseja al individuo que primero humildemente entregue la palabra para ser examinada y discernida por los pastores de la Iglesia. "La ilusión de que nuestras profecías u otros carismas vienen de Dios y, por lo tanto, no necesitan discernimiento o supervisión es una tentación peligrosa de soberbia espiritual. Como las Escrituras lo afirman claramente, todo carisma está sujeto al discernimiento (1 Corintios 14, 21; 1 Tesalonicenses 5, 21; 1 Juan 4, 1). Nadie es el dueño del carisma que él o ella ha recibido. "Por tanto, ningún carisma dispensa de la relación y sumisión a los Pastores de la Iglesia."[147] Esto es doblemente importante si la palabra profética es una reprimenda o una directiva profética.

6. ***Ten cuidado de ciertas profecías:*** Si bien permitido en una reunión privada y con buen discernimiento, los miembros del ministerio de oración de "Arise" son seriamente disuadidos de compartir lo siguiente durante un servicio de oración público: directivas proféticas, profecías con fechas específicas y profecías relacionadas a una relación futura de pareja.

---

147 *Christifideles Laici*, 24

◆ Reflexiona. Recibe. Responde.

- ¿Cuál ha sido tu experiencia con el don de profecía?
- ¿Cuál es la diferencia entre una palabra natural de aliento y el don sobrenatural de la profecía?
- ¿Qué medidas de precaución podrías implementar en tu propia vida para tratar de preservar la pureza de una palabra profética?

práctica
PARA EL CAPÍTULO 4

ejercicio 1

CEDIENDO AL DON DE LENGUAS

Meta

Ayudar al individuo a ceder al don de la oración personal en lenguas.

A pesar de que el don personal de orar en lenguas se puede manifestar de varias maneras, se puede ayudar a un miembro de la comunidad a ceder al don. Esa es la meta de este ejercicio.[148]

Para este ejercicio hay tres personas involucradas:
1. **Alumno:** el individuo que desea ceder al don de lenguas.
2. **Ayudante:** el individuo que rezará en lenguas.
3. **Intercesor:** el individuo que se unirá a la sesión de oración solamente como intercesor y compañero responsable durante el ejercicio. La presencia del intercesor no es explícitamente necesaria, pero ayuda y es aconsejable.

Primer Paso

Escoge a los **Ayudantes** dentro de los miembros de la comunidad. Estos deberán ser personas que tienen confianza de su propio don de lenguas y también están dispuestos a ayudar a otros miembros del grupo a ceder al don. Permite que los **Alumnos** conozcan quienes son los individuos **Ayudantes**.

---

[148] El Espíritu Santo se manifiesta en su propio tiempo y forma. Así es que esta práctica no es una forma segura de recibir el don de lenguas, más bien es una ayuda.

Segundo Paso

Escoge los voluntarios que desean rezar como **Intercesores**.

Tercer Paso

Deja que los **Alumnos**, individuos que desean ser ayudados para ceder al don de lenguas, se acerquen a uno de los miembros identificados como **Ayudante**. Es importante que haya un espíritu de confianza, respeto mutuo y comodidad entre el Ayudante y el Alumno. Tanto el Ayudante como el Alumno deberán tener la libertad de acceder mutuamente a hacer el ejercicio, y ninguno deberá ser juzgado o avergonzado por evitar el ejercicio debido a la falta de confianza, respeto o comodidad.

Cuarto Paso

Una vez que el **Alumno** y el **Ayudante** ya están establecidos, juntos deberán seleccionar un **Intercesor** para unirse en la sesión de oración. El Ayudante será el líder de la sesión de oración. Si no hay un Intercesor disponible, la oración aún se podrá llevar a cabo.

Quinto Paso

Empieza la oración invocando la presencia del Espíritu Santo y alabando a Dios. El **Ayudante** deberá pedirle a Dios que remueva cualquier barrera, emocional o psicológica, o cualquier pecado que pueda bloquear la habilidad del Alumno para acoger el don de lenguas. El Ayudante debe pedirle a Dios que le otorgue la gracia del Espíritu Santo al Alumno. El Intercesor deberá interceder por estas intenciones a través de toda la sesión de oración.

Sexto Paso

El **Ayudante** empieza a rezar en su oración personal en lenguas. El **Alumno** deberá dejar de lado el inglés (o cualquier otro idioma nativo) así como la actividad racional de la memoria y el intelecto, e imitar la oración en lenguas del Ayudante.

> ...*Al emitir las primeras sílabas extrañas, la persona cede al don de oración en lenguas y se encuentra alabando a Dios en un idioma completamente diferente al de la persona que lo ayudó a ceder a este don....*
>
> *Al otorgar este don, Dios no obliga a la persona a abrir su boca. El procedimiento usual es que la persona toma los primeros pasos en fe, moviendo sus labios y permitiéndole a Dios que llene su boca con una oración en lenguas.*[149]

Durante este tiempo, el **Intercesor** debe rezar silenciosamente por el Ayudante y el Alumno. Si el Alumno tiene dificultad en ceder al don de lenguas, el Ayudante puede aconsejarle al Alumno que repita una oración, tal como "Ven Espíritu Santo", o simplemente "Jesús", mientras el Intercesor y el Ayudante continúan rezando.

Si el Alumno todavía no cede al don de lenguas, recuerda lo que dijimos en la sección 1.3; la venida del Espíritu Santo no está bajo el control humano. Anime al Alumno a continuar pidiéndole a Dios por este don. También sería bueno repetir el ejercicio, inmediatamente o en otro momento.

---

[149] Walsh, p. 39.

Séptimo Paso

Termina el ejercicio con una oración de agradecimiento a Dios.

ejercicio 2
DESARROLLANDO EL DON DE PROFECÍA

Meta

Ayudar a un individuo a crecer en su confianza y seguridad en los llamados del Espíritu Santo a través de llevar un diario, el discernimiento y la acción.

Primer Paso: Escríbelo Todo

Empieza tu día con la actitud de saber que vas a mantener un diario a lo largo del día, escribiendo cualquier pensamiento que tú piensas viene de Dios. Por ejemplo, si mientras rezas sientes o escuchas una palabra de consuelo, escríbela. Si mientras manejas al trabajo piensas en una persona o circunstancia, escríbela. Si estas en Misa y ves a un individuo y enseguida piensas en un verso de la Biblia para compartir con él o ella, escribe este impulso. Un registro escrito va a darte un sentido de concentración y responsabilidad

Segundo Paso: Discernir

Cuando recibas un impulso, empieza un discernimiento básico. Hazte las siguientes preguntas:

- ¿Esto viene de mi o del Espíritu Santo? ¿He incluido mis propios pensamientos, ideas o imaginación? ¿He añadido mi propio prejuicio?
- ¿Trae un buen fruto esta revelación? ¿Me da un sentido de paz? O ¿me siento ansioso y temeroso?
- ¿Esta revelación está de acuerdo o contradice las enseñanzas de la Iglesia? (Si la palabra contradice las enseñanzas de la Iglesia, no viene de Dios, y por lo tanto no es una profecía verdadera.)
- ¿Esta palabra profética podrá traer un llamamiento, consuelo y edificación? (ver 1 Corintios 14, 3).
- ¿Son las circunstancias actuales propicias para compartir esta profecía?

Tercer Paso: Presentar la Palabra para ser Examinada

Después que has discernido interiormente si dicha palabra está destinada para otra persona, examina la palabra compartiéndola con una persona de confianza que tiene el don de profecía. Si la persona está de acuerdo que la palabra viene de Dios y es el momento apropiado para ser compartida, procede con el cuarto paso.

Cuarto Paso: Acción

Si la palabra trata de una acción que deberás tomar (tal como tomar una decisión, escribirle una carta a alguien, trabajar como voluntario en una actividad), entonces procede con dicha acción.

Si la palabra le concierne a otra persona, compártela con esa persona. Ten cuidado con la manera en que la dices. Evita decir lo siguiente: "El Espíritu Santo me dijo ABC." En lugar de eso, utiliza una frase como "Me ha venido a la mente el libro Romanos 8 de la

Biblia, ¿podrías leerlo y decirme si eso tiene algún significado para ti?" o "Estaba rezando por ti, y sentí que esta palabra me vino a la mente, "Ten calma y confía" ¿Tiene esta palabra algún sentido para ti?"

Quinto Paso: Toma en Cuenta el Fruto

Las Escrituras nos dicen que debemos reconocer una profecía por sus frutos (ver Mateo 7, 16). Después de tomar acción, analiza los frutos. ¿Fue correcta esta profecía? ¿Trajo con ella los frutos del Espíritu Santo? ¿Fueron aprobadas algunas de las palabras?

Si algunas inspiraciones fueron correctas y otras no, analiza cómo recibiste cada inspiración. Continúa creciendo en tu habilidad de ceder al Espíritu Santo.

PROFECÍAS RÁPIDAS

Meta

Darle retroalimentación inmediata al individuo y ayudarle a crecer en el don de la profecía, a medida en que practica su habilidad de escuchar mejor.

Primer Paso:

Divide la clase en dos filas, Fila A (que no se va a mover) y la Fila B (que se moverá). Haz que la Fila A y B se pongan frente a frente. Si hay un número impar de personas, haz que la persona extra se pare al final de la Línea A.

Segundo Paso:

Pide a las personas que están frente a frente que le pidan a Dios que les dé una palabra de aliento o profecía para compartir con el individuo frente a ellos. Espera al Espíritu.

Tercer Paso:

Las personas en la Línea A deberán compartir la palabra profética con la persona frente a ellos. Deja que la persona de la Línea B dé una respuesta inmediata a la persona de la Línea A: "Si, eso tiene sentido," o "Sólo parte de esto tiene sentido", o "No, nada". Luego haz que las personas de la Línea B compartan la palabra profética con las personas de la Línea A. Nuevamente hablen. **Sé honesto** cuando dés tu retroalimentación.

Cuarto Paso:

Cuando el moderador diga "Tiempo", la Línea B se mueve hacia la derecha. La persona al final de la Línea B deberá caminar al frente de la línea. Repetir los pasos 2 y 3.

capítulo 5
ORACIÓN DE CURACIÓN

5.1

SUFRIMIENTO Y REDENCIÓN

Acudían multitudes de las ciudades vecinas a Jerusalén trayendo a sus enfermos y a personas atormentadas por espíritus malos, y todos eran sanados. (Hechos 5, 16)

Al morder un pedazo de fruta, "el mal, el dolor, el pecado y la muerte entraron al mundo"[150] Los escritores del Antiguo Testamento entendieron que "la enfermedad, de una manera misteriosa, se vincula al pecado y al mal".[151] De hecho, a lo largo del Antiguo Testamento, las personas enfermas buscaban a Dios para su curación mientras confesaban el castigo justo por sus pecados (ver Salmo 37; 40; 106, 17-21). Muchos Israelitas creían que, si la persona estaba enferma o sufría, era porque dicho individuo estaba recibiendo el castigo por sus pecados.

---

150 Amorth, página 21.
151 Catecismo de la Iglesia Católica 1502.

Los apóstoles compartían esta perspectiva, "Maestro, ¿quién ha pecado para que esté ciego: él o sus padres?" (Juan 9, 2). La respuesta de Jesús desafió esta vieja idea: Jesús respondió: "Esta cosa no es por haber pecado él o sus padres, sino para que unas obras de Dios se hagan en él, y en forma clarísima" (Juan 9, 3). Así Jesús nos revela que "si es verdad que el sufrimiento tiene un sentido como castigo cuando está unido a la culpa, no es verdad, por el contrario, *que todo sufrimiento sea consecuencia de la culpa y tenga carácter de castigo*."[152] Volviendo al Antiguo Testamento, esta verdad es revelada extensamente en el Libro de Job, en el cual un hombre justo y recto pasa por grandes sufrimientos.

> *"La enfermedad y el sufrimiento se han contado siempre entre los problemas más graves que aquejan la vida humana. En la enfermedad, el hombre experimenta su impotencia, sus límites y su finitud. Toda enfermedad puede hacernos entrever la muerte."* —CCC 1500

Parecería que, así como Dios "hace brillar su sol sobre malos y buenos, y envía la lluvia sobre justos y pecadores" (Mateo 5, 45), el sufrimiento le cae tanto al pecador como al inocente. La experiencia del sufrimiento es una experiencia común y compartida; toda la humanidad le es susceptible. "Por lo tanto, nace la pregunta sobre un método religioso para la curación."[153]

La humanidad anhela la redención y cura del sufrimiento y la enfermedad. El profeta Isaías habló de un tiempo cuando:

Y destruirá para siempre a la Muerte.
El Señor Yavé enjugará

---

152 Abbé Francois Trochu, *The Cure d'Ars: St. Jean-Marie-Baptiste Vianney*, traducido por Ernest Graf (Londres: Incorporated Catholic Truth Society), 1952, www.ewtn.com.

153 Rev. Dr. Gareth Leyshon, *Exorcism and Prayers for Deliverance: The Position of the Catholic Church*, version 2 (Cardiff, Wales: Cardiff, 2016), página 4.

SUFRIMIENTO Y REDENCIÓN

> *las lágrimas de todos los rostros;*
> *devolverá la honra a su pueblo,*
> *y a toda la tierra, pues así lo ha dicho Yavé. (Isaías 25, 8)*

Esta profecía se haría realidad en la persona de Jesucristo, quien no estaba sujeto a enfermedad; sino que la enfermedad estaba sujeta a él.

> *…En la su actividad pública, la relación de Jesús con los enfermos no es esporádica, sino constante. Él cura a muchos de manera admirable, hasta el punto de que las curaciones milagrosas caracterizan su actividad: "Jesús recorría todas las ciudades y aldeas; enseñando en sus sinagogas, proclamando la Buena Nueva del Reino y sanando toda enfermedad y toda dolencia." (Mateo 9, 35; 4, 23). Las curaciones son signo de su misión mesiánica (Lucas 7, 20-23). Ellas manifiestan la victoria del Reino de Dios sobre todo tipo de mal, y se convierten en el símbolo de la curación del hombre entero, cuerpo y alma…*[154]

Sin embargo, el Catecismo nos señala lo siguiente acerca del ministerio público de Cristo,

> *No curó a todos los enfermos. Sus curaciones eran signos de la venida del Reino de Dios. Anunciaban una curación más radical: la victoria sobre el pecado y la muerte por su Pascua. En la Cruz, Cristo tomó sobre sí todo el peso del mal y quitó el "pecado del mundo", del que la enfermedad es solamente una*

---

[154] Congregación para la Doctrina de la Fe, Instrucción sobre las Oraciones para Obtener de Dios la Curación, parte 1, Nº. 1.

consecuencia. Por su pasión y su muerte en la Cruz, Cristo le dio un sentido nuevo al sufrimiento: desde entonces éste nos configura con Él y nos une a su Pasión redentora.[155]

La victoria, el poder y la autoridad de Cristo sobre el mal del sufrimiento y la enfermedad no terminaron con su resurrección y ascensión al cielo, sino que continúan en su Iglesia.

Antes de su ascensión al cielo, Cristo reunió a sus apóstoles y les dijo lo siguiente: "Estas señales acompañarán a los que crean…; impondrán las manos sobre los enfermos y quedarán sanos." (Marcos 16, 17-18). Con estas instrucciones, los apóstoles salieron y empezaron a imponer las manos en los enfermos.

Sus resultados están bien documentados en el Libro de los Hechos. Por ejemplo, Pedro curó a Eneas de parálisis, y Pablo sanó a un hombre paralítico y resucitó a Eutico de la muerte (ver Hechos 9, 33-34; 14, 8-10; 20, 9-12). Esta práctica de imponer las manos en el enfermo y experimentar el milagro de la curación en el nombre de Jesús continuó en la Iglesia primitiva como un ministerio común, una experiencia compartida tanto por los laicos como por el clero.[156]

La demostración de la victoria de Cristo sobre el sufrimiento fue una fuerza propulsora en el crecimiento y la propagación de la Cristiandad en el primer y segundo siglo, como lo señalan los padres de la Iglesia:

---

155 Catecismo de la Iglesia Católica 1505, citando Juan 1, 29; Isaías 54, 4-6.

156 A pesar de que los laicos podían rezar por la curación y sentir la presencia del milagro de Cristo, ellos no administraban los sacramentos oficiales de curación (penitencia y reconciliación y la unción de los enfermos), ya que estos están reservados para los sacerdotes consagrados.

> ...Algunos de ustedes se están convirtiendo en discípulos en el nombre de Cristo, y abandonando el camino del error; quienes también están recibiendo dones, cada uno tal cual se lo merece, iluminados a través del nombre de este Cristo. Ya que uno recibe el don del entendimiento, otro del consejo, otro de la fuerza, otro de la curación, otro de la precognición, otro de la enseñanza, y otro del temor a Dios.[157]

> ...Que es más noble que pisotear a los dioses de las naciones – exorcizar espíritus malignos— llevar a cabo sanaciones—buscar revelaciones divinas—vivir por Dios?[158]

A pesar de que en siglos subsecuentes la actividad regular del Espíritu Santo disminuyó entre los laicos, el don carismático de la curación permaneció. Esto es evidente en la vida de los santos (tanto hombres como mujeres), cuyas muchas obras extraordinarias han sido muy bien documentadas. De hecho, en el proceso de canonización para los santos, "se requieren milagros y curaciones auténticas como signos del cielo que confirman sus virtudes heroicas."[159]

Este don también es evidente en la práctica de la Iglesia de los sacramentos de curación, Unción de los Enfermos y la Reconciliación. Se puede decir que, "La oración que implora la recuperación

---

157 Justino de Roma († d. C. 165), *Dialogues with Trypho*, capítulo 36, en Alexander Roberts and James Donaldson, eds., *The Writings of the Fathers down to A.D. 325*, vol. 1, *Ante-Nicene Fathers* (Nueva York: Charles Scribner, 1905.), página 214.

158 Tertuliano († d. C. 240), *De Spectaculis*, capítulo 29, en Alexander Roberts et al, eds., *Latin Christianity*, volumen 3, *The Ante-Nicene Fathers* (Nueva York: Cosimo, 2007), página 91.

159 Carta P.D., "*Christian Healing*," en la New Catholic Encyclopedia, páginas 960-961. (Washington, D.C.: McGraw-Hill, 1967

de la salud es, por lo tanto, una experiencia presente en toda época de la Iglesia, y naturalmente lo es en el momento actual."[160] Sin embargo, de alguna manera la idea que el carisma de curación es un ministerio reservado para los pocos elegidos (a la exclusión de otros) se ha desarrollado en muchos círculos cristianos.

Si bien San Pablo nos indica que el don de curación es dado a algunos, pero no a todos (ver 1 Corintios 12, 30), nunca nos dice que los fieles no deben esforzarse por obtener el don, ni las Escrituras prohíben a las personas pedirle a Dios el don de curación y rezar con esperanza por la curación de otros. Por el contrario, las Escrituras están llenas de instrucciones de como pedirle curación a Dios:

> *Si estás enfermo, hijo mío, no seas negligente, ruega al Señor, y él te sanará. (Eclesiástico 38, 9)*

> *"Reconozcan sus pecados unos ante otros y recen unos por otros para que sean sanados. La súplica del justo tiene mucho poder con tal de que sea perseverante." (Santiago 5, 16)*

Y San Pablo nos dice "Ustedes, con todo, aspiren a los carismas más elevados," ciertamente esto incluye el don de curación (1 Corintios 12, 31).

Por lo tanto, la Iglesia nos enseña, "No solamente es loable la oración de los fieles individuales que piden la propia curación o la de otro, sino que la Iglesia en la liturgia pide al Señor la curación de los enfermos," y "Los fieles son libres de elevar oraciones a Dios para obtener la curación."[161]

---

160 Congregation for the Doctrine of the Faith, Instruction on Prayers for Healing, Introduction.
161 Instructions on Prayers for Healing, parte I, N°. 2, punto II, artículo 1.

◆ Reflexiona. Recibe. Responde.

- ¿Crees que Dios podría trabajar a través de ti para traer la curación a su pueblo? ¿Por qué o porque no?
- ¿Qué te impide rezar esperanzado por la curación de un enfermo?
- ¿Cómo cambiaría tu vida si te dispusieras hacia un ministerio de curación?

5.2

DEFINIENDO CURACIÓN

¿Hay alguno enfermo? Que llame a los ancianos de la Iglesia, que oren por él y lo unjan con aceite en el nombre del Señor." (Santiago 5, 14)

El llamado a participar en el ministerio de Cristo como sanador es universal entre los cristianos. El Catecismo nos dice,

> *El Señor Jesucristo, médico de nuestras almas y de nuestros cuerpos, que perdonó los pecados al paralítico y le devolvió la salud del cuerpo (ver Marcos 2, 1-12), quiso que su Iglesia continuase, en la fuerza del Espíritu Santo, su obra de curación y de salvación.*[162]

La Iglesia responde a este llamado de dos maneras: a través de los **sacramentos de curación** y a través del **carisma de curación**.

---

162 Catecismo de la Iglesia Católica 1421.

Sacramentos de Curación

Los dos sacramentos de Curación son **Penitencia y Reconciliación** y la **Unción de los Enfermos**.

> **Penitencia y Reconciliación:** Uno de los siete sacramentos de la Iglesia, en el cual uno de los fieles de la comunidad confiesa sus pecados personales a un sacerdote, obtiene la misericordia divina por esos pecados, y se reconcilia con la comunidad de la Iglesia.

"Cristo quiso que toda su Iglesia, tanto en su oración como en su vida y su obra, fuera el signo y el instrumento del perdón y de la reconciliación que nos adquirió al precio de su sangre."[163]

Durante su ministerio en la tierra, Cristo nombró a sus discípulos como ministros de reconciliación cuando les dijo: "Reciban el Espíritu Santo; a quienes descarguen de sus pecados, serán liberados, y a quienes se los retengan, les serán retenidos." (Juan 20, 22-23). Hoy en día, "los obispos, sus sucesores [de sus discípulos], y los presbíteros, colaboradores de los obispos, continúan ejerciendo este ministerio."[164] De hecho:

Parte del plan trazado por la providencia de Dios consiste en que luchemos valerosamente contra toda enfermedad y busquemos cuidadosamente las bendiciones de la salud..
—Cuidado Pastoral del Enfermo Ritos de la Unción y del Viático

> *Cuando celebra el Sacramento de la Penitencia, el sacerdote ejerce el ministerio del Buen Pastor que busca la oveja perdida,*

---

163 Catecismo de la Iglesia Católica 1442.
164 Catecismo de la Iglesia Católica 1461.

el del Buen Samaritano que cura las heridas, del Padre que espera al hijo pródigo y lo acoge a su vuelta, del justo Juez que no hace acepción de personas y cuyo juicio es a la vez justo y misericordioso. En una palabra, el sacerdote es el signo y el instrumento del amor misericordioso de Dios con el pecador.[165]

A través del pecado, el sufrimiento entró al mundo, y Cristo conquista el pecado a través del poder del perdón. El *Catecismo* nos dice:

"Toda la fuerza de la Penitencia consiste en que nos restituye a la gracia de Dios y nos une con Él con profunda amistad" El fin y el efecto de este sacramento son, pues, la reconciliación con Dios. En los que reciben el sacramento de la Penitencia con un corazón contrito y con una disposición religiosa, "tiene como resultado la paz y la tranquilidad de la conciencia, a las que acompaña un profundo consuelo espiritual". En efecto, el sacramento de la reconciliación con Dios produce una verdadera "resurrección espiritual", una restitución de la dignidad y de los bienes de la vida de los hijos de Dios, el más precioso de los cuales es la amistad de Dios.[166]

Unción de los Enfermos: Uno de los siete sacramentos de la Iglesia, consistiendo de una unción con óleo santo y la recitación de una fórmula específica, la cual es administrada por un sacerdote a una persona enferma o que está muriendo.

---

165 Catecismo de la Iglesia Católica 1465.
166 Catecismo de la Iglesia Católica 1468, citando el Catecismo Romano, II, V, 18; Concilio de Trento (1551): DS 1674. Ver Lucas 15, 32.

Así como la Iglesia tiene un rito especial para el perdón de los pecados, la Iglesia también tiene su propio rito para los enfermos, como atestiguado por el apóstol Santiago: ¿Hay alguno enfermo? Que llame a los ancianos de la Iglesia, que oren por él y lo unjan con aceite en el nombre del Señor." (Santiago 5, 14).

Mediante este rito especial, Cristo hace que sus discípulos compartan su ministerio. "Fueron, pues, a predicar, invitando a la conversión. Expulsaban a muchos espíritus malos y sanaban a numerosos enfermos, ungiéndoles con aceite." (Marcos 6, 12-13). Sin embargo, el privilegio de ofrecer este sacramento es restringido. "Sólo los sacerdotes (obispos y presbiteros) son ministros de la Unción de los Enfermos."[167] Además, "la recuperación de la salud como resultado del Sacramento de la Unción de los Enfermos...no es una curación milagrosa sino sacramental."[168]

El Carisma de la Curación

Mientras la Iglesia designa a sus sacerdotes para administrar los sacramentos de curación,

"El Señor resucitado renueva este envío ("En mi nombre [...] impondrán las manos sobre los enfermos y se pondrán bien", y lo confirma con los signos que la Iglesia realiza invocando su nombre. Estos signos manifiestan de una manera especial que Jesús es verdaderamente 'Dios que salva'" —CCC 1507

El *"carisma de curación"* no puede ser atribuido a una determinada clase de fieles. En efecto, queda bien claro que San Pablo, cuando se refiere a los diferentes carismas en 1 Corintios 12, no atribuye el don de los "carismas de curación" a un grupo particular, ya sea

---

167 Catecismo de la Iglesia Católica 1516.
168 Carta, páginas 960-961.

> *el de los apóstoles, el de los profetas, el de los maestros, el de los que gobiernan o el de algún otro; es otra, al contrario, la lógica la que guía su distribución: "Pero todas estas cosas las obra un mismo y único Espíritu, distribuyéndolas a cada uno en particular según su voluntad." (1 Corintios 12, 11).*[169]

Esto quiere decir que todos los laicos están permitidos y motivados a ofrecer oraciones generales de curación, y pueden actuar en el carisma de curación.

> **El Don de Curación:** "La manifestación del Espíritu Santo en la cual ocurre una curación o renovación física, psicológica o espiritual que se debe principalmente a una acción de Dios, a pesar de que se puedan utilizar causas naturales."[170]

Existen tres tipos de curación:

> **Curación Física:** "En la cual algún tipo de enfermedad física del cuerpo se cura y la persona, por lo menos en esta área, vuelve a la salud. El número de curaciones que pueden ocurrir corresponde a la lista de posibles enfermedades."[171]

> **Curación Psicológica:** "En la cual algunos problemas mentales o emocionales, normalmente asociados con recuerdos tristes o actitudes psicológicas enfermizas, se ven aliviados.

---

[169] Congregación para la Doctrina de la Fe, Instrucción sobre las Oraciones para Obtener de Dios la Curación, punto 1, N°. 5.
[170] Walsh, página 75.
[171] Walsh, página 75.

El número de curaciones que pueden ocurrir en esta área corresponden a la lista de posibles problemas psicológicos."[172]

Curación Espiritual: "En la cual algún hábito pecaminoso o tentación se elimina. Las posibles curaciones en esta área corresponden a la lista de enfermedades espirituales."[173]

> *"En la enfermedad, Dios quiere que nosotros acudamos a Él y a aquellos que poseen el don y talento natural de curación ... La acción curativa de Dios suplementa y completa la actividad curativa natural que el hombre puede llevar a cabo por sí mismo."* —Msgr. Vincent Walsh

Una curación espiritual toca los problemas espirituales normales que todos enfrentamos – dificultad en ir a Misa, el hábito del pecado, el rechazo a reconciliarse con alguien, la hostilidad, etc. Aunque de alguna manera semejante a la curación psicológica, la persona podría muy bien estar enferma espiritualmente y estar muy feliz emocionalmente.

La práctica ha demostrado que frecuentemente la curación psicológica y hasta física es denegada hasta que la persona desee recibir la curación espiritual ofrecida por Dios.[174]

A diferencia de la oración en lenguas personal, el carisma de curación es una manifestación pasajera del Espíritu Santo.

> ...El *"ministerio de curación"* no es de ninguna manera igual al poder de curación que un doctor posee derivado de su estudio y habilidades naturales. El poder del doctor es suyo y él trata de

---

172 Walsh, página 75.
173 Walsh, página 75.
174 Walsh, página 84.

curar a todos. El poder carismático es de Dios y la persona es solamente un instrumento...[175]

Medios Naturales y Sobrenaturales

El carisma de la curación está más comúnmente asociada con curaciones milagrosas e instantáneas, tales como cuando Jesús cura al hombre leproso (ver Mateo 8, 1-3) y al paralítico (Marcos 2, 2-12). Sin embargo, el carisma de curación no está limitado a las manifestaciones milagrosas e inmediatas.

En el Libro de Tobías, el arcángel Rafael le dice a Tobías que frote los ojos de su padre con la hiel del pescado. Cuando Tobías aplica esta medicina, su padre, Tobit se cura de su ceguera (ver Tobías 11, 4-14). El profeta Isaías le dijo al Rey Ezequías, quien estaba a punto de morirse, que prepare una "masa de higos" y lo hierva, y él podría vivir quince años más (2 Reyes 20, 1-7). En cada uno de estos casos, la curación que ocurrió fue realmente milagrosa; sin embargo, se realizó a través de remedios terrenales. Jesús nos ilustra esto cuando cura a un hombre que había nacido ciego aplicándole arcilla hecha de su saliva y diciéndole al hombre que se lavara en la piscina de Siloé (Juan 9, 6-7).

El libro de Eclesiástico ofrece claras instrucciones sobre el uso de medios naturales para la curación como gracia de Dios:

El Señor hizo brotar las plantas medicinales, y el hombre prudente no las desprecia.

¿Acaso una rama no endulzó el agua, a fin de que se conocieran sus propiedades?

---

[175] Key to the Catholic Charismatic Renewal, por el Mons. Vincent Walsh, página 86.

El Señor dio a los hombres la ciencia, para ser glorificado por sus maravillas. Con esos remedios el médico cura y quita el dolor, y el farmacéutico prepara sus ungüentos.

Así, las obras del Señor no tienen fin, y de él viene la salud a la superficie de la tierra. Si estás enfermo, hijo mío, no seas negligente, ruega al Señor, y él te sanará.

No incurras en falta, enmienda tu conducta y purifica tu corazón de todo pecado.
Ofrece el suave aroma y el memorial de harina, presenta una rica ofrenda, como si fuera la última.

Después, deja actuar al médico, porque el Señor lo creó; que no se aparte de ti, porque lo necesitas.

En algunos casos, tu mejoría está en sus manos, y ellos mismos rogarán al Señor que les permita dar un alivio y curar al enfermo, para que se restablezca.

El hombre que peca delante de su Creador, ¡que caiga en manos del médico! (Eclesiástico 38, 4-15)

Con esto en mente, el carisma de la curación se puede ver de diferente manera en diferentes situaciones. Tal como la curación puede hacer que un paralítico camine o que un sordo oiga, también puede hacer que un alcohólico busque ayuda en un grupo de Alcohólicos Anónimos.

Salvaguardando el Carisma de la Curación

La siguiente información nos ayuda a salvaguardar el carisma de la curación:

- El carisma de la curación nunca deberá tratarse como una posesión personal, y tampoco está permitido usar el carisma para llamar la atención hacia uno mismo.

- La manifestación del carisma esta siempre a disposición del Señor para la edificación de la Iglesia.
- Para evitar el abuso y asegurarse de la debida utilización del carisma, uno deberá permanecer en todo momento obediente a la autoridad de la Iglesia.
- Examina todas las palabras de conocimiento relacionadas a la curación en relación a la doctrina verdadera y el sentido común práctico, antes de aceptarla o compartirla.
- Reza con fe expectativa, pero deja el resultado en las manos de Dios.

♦ Reflexiona. Recibe. Responde.

- ¿Alguna vez has sido testigo o tenido la experiencia una curación milagrosa? ¿Qué es lo que Dios te mostró a través de dicha experiencia?
- ¿En qué áreas de tu vida necesitas la curación física, psicológica o espiritual?
- Pídele a Dios que te revele a una persona por quien El desea que reces para su curación. ¿Cómo responderías a su consejo? (Ver la sección de práctica para instrucciones específicas).

5.3

INSTRUCCIONES PARA REZAR POR LA CURACIÓN

¡Devuélveme la salud, Yavé, Y quedaré sano! ¡Sálvame y estaré a salvo! Pues mi esperanza eres tú. (Jeremías 17, 14)

El carisma de la curación usualmente se manifiesta durante la oración intercesora, la cual mencionamos en el capítulo 2. Como recordatorio, la oración intercesora comprende de tres fases:

1. Fase de Preparación
2. Fase de Oración
3. Fase de Seguimiento

Fase de Preparación

La oración intercesora comienza mucho antes que cuando uno se reúne y empieza a rezar por la persona. Nuestras vidas deberían estar en una preparación continua para la oración intercesora.

El capítulo 2 nos ofrece algunas normas generales para un ministro de oración, tales como estar en estado de gracia, tener una vida de oración frecuente, pertenecer a una comunidad de oración, estar libre de adicciones y compulsiones, mantener una buena higiene personal, y tener a otras personas intercediendo por ti. A continuación, encontrarás algunas sugerencias adicionales para la oración de curación:

Purifica tus Intenciones: Esfuérzate por poseer un espíritu de humildad y un corazón servicial en tus oraciones de curación. Busca esta actitud antes de entrar en un ministerio de oración. "Todos los aspectos del espíritu humano deberán ser removidos –especialmente cualquier deseo de "estar en la acción" o "ganar un punto más."[176]

Forma un Equipo: El carisma de curación usualmente conlleva muchos otros dones carismáticos, los cuales, cuando trabajan juntos, tienen como efecto traer la curación de Dios. "Debido a que se utilizan diferentes dones en las curaciones", el Mons. Walsh nos dice que: "con frecuencia se recomienda que haya un equipo de oración."[177]

Por ejemplo, "El don de la Palabra de Sabiduría puede ayudarle a una persona a entender qué obstáculos existen para ser sanada, o que es lo que Dios espera de ella para que Sus acciones se puedan dar."[178] Y "el don de discernimiento es necesario para distinguir entre la necesidad de curación y la necesidad de liberación. La falta del discernimiento puede frustrar la acción de Dios."[179]

---

[176] Walsh, página 85.
[177] Walsh, página 86.
[178] Walsh, página 86.
[179] Walsh, página 86.

Fase de Oración

Ten en mente los diez pasos discutidos en el capítulo 2 para rezar con otros. En las oraciones de curación, se recomienda un paso adicional, "Ofrece Breves Instrucciones". Debes estar preparado para hacer cambios de acuerdo con la cultura, el tiempo disponible y el medio ambiente. (Para una descripción completa de cada paso, por favor revisar la sección 2.3 del capítulo 2.)

LOS DIEZ PASOS

1. Reunión inicial
2. Haz preguntas *Ofrece breves instrucciones*
3. Pide permiso
4. Invita la Presencia y ofrece alabanza
5. Espera que el Espíritu dirija la oración
6. Reza en el nombre de Jesús
7. Verifica los resultados
8. Pide la bendición del Padre
9. Sella la oración
10. Ofrece alabanza, honor y gloria a Dios

1. Reunión Inicial

Entabla el contacto, una relación y el medio ambiente. Haz las debidas presentaciones. Si hay varias personas rezando, nombra a alguien para que actúe como el líder de la oración. Rebosa de caridad: "Este don carismático (de curación) existe 'para otros' y se manifiesta abundantemente donde el amor es obvio."[180] "En tiempos modernos, Él (Jesús) le da el poder del ministerio de curación a aquellos que son compasivos y sensitivos a otros. Mediante su instrumentalidad, Jesús continúa mostrando compasión hacia la humanidad."[181]

> *El líder deberá hacer las presentaciones iniciales, tales como, "hola, encantado de conocerte. Me alegra que estés aquí hoy. Mi nombre es ___, y este es ___ y ___; ¿Cuál es tu nombre?" "¿De dónde eres?" "¿Alguna vez has recibido oración de alguien?"*

2. Haz Preguntas

Pregúntale al individuo cuál es su necesidad de oración. Brevemente, trata de averiguar la experiencia espiritual de la persona. ¿Está familiarizado con las manifestaciones del Espíritu Santo? Ten cuidado si sospechas de alguna asociación con prácticas satánicas u ocultas, así como alguna adicción o compulsión. Pregúntale cuál es el nivel de dolor en la escala del 1 al 10.

> *¿Para qué intención quieres que recemos?" "¿Has sido parte de un equipo de oración anteriormente?" "¿Cuál es tu experiencia espiritual?" "Dinos un poco de su lesión; ¿cómo sucedió?" "¿Ya has recibido alguna oración o tratamiento para esto?"*

2.5 Ofrece Breve Instrucciones

Con un espíritu compasivo y un corazón pastoral, "el individuo que recibe la oración de curación debe ser instruido antes de la oración

---

180 Walsh, página 85.
181 Walsh, página 77.

para que su fe pueda desatarse."[182]

La fe es un elemento muy importante para ceder al poder sanador de Dios....

La persona que reza la oración de curación, deberá ceder al don carismático de la fe. La persona que recibe la oración solamente requiere tener una fe normal (el fruto de la fe) mediante la cual cree que Dios puede y efectivamente cura."[183]

Es importante mencionar que, "La fe no es la causa de la curación, sino solamente una condición para que la curación se lleve a cabo. Solamente Dios es la causa de la curación."[184] La Congregación para la Doctrina de la Fe nos aconseja, "Ni siquiera las oraciones más intensas obtienen la curación de todas las enfermedades."[185]

> *"Jesús tiene el poder de vencer a las enfermedades y las dolencias, y por eso voy a invocar su nombre y pedirle al Espíritu Santo que te sane." "¿Podrías rezar conmigo para que el Espíritu Santo venga sobre ti?" "A veces, ni siquiera las oraciones más fervientes nos traen la curación, pero nosotros vamos a rezar de todos modos."*

3. Pide Permiso

Pide permiso para rezar por la persona; para poner tus manos en él o ella, tal vez en el lugar de la herida o dolencia; o para rezar en lenguas. El contacto directo, aunque puede ayudar, no es necesario.

---

182 Walsh, página 85.
183 Walsh, página 85.
184 Walsh, página 85.
185 Congregación para la Doctrina de la Fe, Instrucción Sobre las Oraciones para Obtener de Dios La Curación, pto. 1, N° 5.

Pregúntale a la persona si puedes pedirle al Espíritu Santo que entre en su corazón de una manera especial.

> *¿"Puedo rezar por ti?" "¿Puedo poner mi mano en tu hombro?" "¿Te molesta si rezo en lenguas en silencio?"*

4. Invita la Presencia y Ofrece Alabanza

"Las oraciones de alabanza a Dios deberán preceder, acompañar y rezarse al término de cualquier oración de curación."[186] Establece una conciencia de la presencia del Espíritu Santo.

> *"Ven, Espíritu Santo, ven" "Jesús, te agradecemos y te alabamos por el don de ABC."*

5. Espera que el Espíritu Dirija la Oración

Pregúntale al Espíritu Santo para qué debes rezar. Pídele al Espíritu Santo que revele cualquier impedimento a la curación deseada. Espera su orientación.

> *"Señor, dinos cómo debemos rezar" "Señor, revélanos la presencia de cualquier impedimento a la curación."*

6. Reza en el Nombre de Jesús

Pide la curación en el nombre de Jesús. En este momento –otros dones, tales como la profecía, palabras de sabiduría, discernimiento

---

186 Walsh, página 85.

y conocimiento—pueden comenzar a manifestarse. Comunícate con delicadeza y compasión, de forma de que se respete la libertad y dignidad de la persona que recibe la oración. Si es necesario que se lleve a cabo una oración de liberación, asegúrate de que el individuo que recibe la oración esté realmente rezando la oración de liberación.

> *"En el nombre de Jesús, recibe la curación." "Señor, te pido que bendigas a ABC con consolación en el nombre de Jesús." "En el nombre de Jesús, ato y renuncio al espíritu de cólera." "En el nombre de Jesús, otórgale a ABC la gracia del deseo de perdonar."*

7. Revisa los Resultados

Fíjate si la curación ha ocurrido. Pregúntale al individuo si ha recibido la curación. Si la respuesta es sí, revisa la curación con el individuo. Pregúntale cuanto dolor tiene todavía en la escala del 1 al 10.

Si la persona no ha experimentado la curación, vuelve al paso 5, y pregúntale a Dios si existe algún impedimento para la curación.

> *"¿Cómo te sientas?" "¿Me puedes decir cómo te sientes en este momento?" "¿Sientes que Dios ha hecho algo dentro de ti en este momento?" "¿Deseas seguir rezando?" "¿Te sientes cómodo si tratamos de verificar la curación?"*

8. Recibe la Bendición del Padre

Pídele al individuo que reciba, "en el nombre de Jesús", la bendición del Padre. Pídele a Jesús que llene cualquier vacío que haya quedado por la renuncia de mentiras y pecado, perdón o enfermedades curadas.

"En el nombre de Jesús, recibe en abundancia la bendición del Padre." "Señor, entra en su corazón y llena sus vacíos con tus bendiciones." "Jesús, que donde hubo pecado y arrepentimiento, te pedimos que llenes esos lugares de su corazón con tu amor y bendición."

9. Sella la Oración

Pide la misericordia y unción de Dios sobre la sesión de oración. Pídele que purifique todo lo que se ha dicho o rezado. Si algunas puertas del maligno han sido cerradas, pídele a Dios que las selle y envié a sus ángeles a proteger estas puertas por toda la eternidad. Si el individuo es católico, aconséjale que selle esta oración con el Sacramento de la Penitencia y la Reconciliación.

"Jesús, te pedimos que por cada puerta que hemos cerrado esta noche, envíes a un ángel guardián para protegerla por toda la eternidad." "Sellamos esta oración en el nombre de Jesús."

10. Da Alabanza, Honor y Gloria a Dios

Dale alabanza a Dios. Agradécele por cualquier gracia que se haya manifestado; palabras de sabiduría, profecía, discernimiento. Dale gracias a Dios por sus consolaciones, curación y todas sus gracias. Agradécele a Dios por la oportunidad de rezar con este individuo.

"Señor, te alabamos, te agradecemos, y te glorificamos por tu inmenso amor por nosotros." "Jesús, gracias por escuchar y responder a nuestra oración."

Fase de Seguimiento

Es importante siempre tomar en cuenta el corazón de la persona por la cual has estado rezando. A veces nuestras oraciones son respondidas inmediatamente; pero otras veces, la persona puede necesitar un seguimiento con otros ministerios de oración, un psicólogo o consejero.

- Si el individuo afirma haber recibido la curación, trata de obtener un testimonio honesto y su información para contactarlo posteriormente. Comunícate con la persona después de algún tiempo para verificar que la curación es permanente o para ver si necesita más oración. Si la curación se llevó a cabo en un lugar público, el obispo local querrá ser informado del hecho.
- Se debe mantener la confidencialidad.

5.4

IMPEDIMENTOS, CONSOLACIONES Y CONFIRMACIONES

Pero la gente lo supo y partieron tras él. Jesús los acogió y volvió a hablarles del Reino de Dios mientras devolvía la salud a los que necesitaban ser atendidos. (Lucas 9, 11)

Impedimentos para la Curación

Existen algunas razones por las cuales el individuo no pueda recibir la curación inmediatamente. Es bueno tomar en cuenta lo siguiente, ya que esto nos puede ayudar a dirigir la oración de curación.

> ***No Poder Perdonar.*** En algunas ocasiones el individuo no puede experimentar la curación debido a que no puede perdonar. Las Escrituras son muy claras: "Porque si ustedes perdonan a los hombres sus ofensas, también el Padre celestial les perdonará a ustedes. Pero si ustedes no perdo-

nan a los demás, tampoco el Padre les perdonará a ustedes." (Mateo 6, 14-15).

Necesidad de Liberación. La gracia de la curación puede a veces estar bloqueada por influencias demoníacas. Estas pueden ser opresiones, obsesiones, maldiciones o mentiras que deberán renunciarse. En estos casos, los equipos de oración deberán revisar los cinco pasos incluidos en la sección 3.5 de la oración de liberación del capítulo 3.

Tiempo. A veces ciertas curaciones se llevan a cabo lentamente (como el efecto de una pastilla de liberación lenta para el dolor). Ciertas curaciones simplemente requieren de bastante tiempo, tal como el caso del proceso de sufrimiento por la pérdida de un ser amado. Particularmente, cuando se necesita la oración de liberación, la curación podría requerir "oración y ayuno" (Mateo 17, 21).

Fe. A pesar de que la fe no es la *causa* de la curación, es un requisito para que esta ocurra. "La fe o confianza por parte de la persona enferma, es necesaria como condición para la curación; pero no es la causa."[187] Dicho esto, vale recalcar que los equipos de oración **nunca** deben atribuir la falta de curación a la falta de fe por parte de la persona por la cual rezan.

La Voluntad de Dios. Existen casos en los cuales "ni siquiera

---

187 Carta, P.D. (1967). Christian Healing. In the New Catholic Encyclopedia (pp. 960-961), Washington, DC: McGraw-Hill

las oraciones más intensas obtiene la curación."[188] Este misterio está íntimamente ligado al sufrimiento de Cristo en la cruz.

Al fin y al cabo, donde Dios está presente, siempre ocurre la curación. Aunque no la veamos, no la conozcamos o la reconozcamos, la presencia de Dios siempre trae consigo algún tipo de curación.

Consolaciones

Hay muchos signos y consolaciones que acompañan a la curación. A pesar de no ser una lista exhaustiva, los siguientes son signos comunes de la presencia sanadora del Espíritu Santo.

La Gracia de las Lágrimas. Una de las muchas consolaciones en el ministerio de curación es la gracia de las lágrimas. Estas lágrimas, que acompañan los buenos frutos del Espíritu Santo, usualmente se manifiestan cuando el individuo ha encontrado el poder sanador del Espíritu Santo. Esto comúnmente ocurre cuando:
- Se ha mencionado una palabra verdadera de conocimiento, sabiduría o profecía;
- El individuo se siente conmovido por el profundo sentir de la presencia de Dios;
- El individuo tiene la experiencia de la curación;
- La persona se da cuenta "de las dificultades y ansiedades de las que Dios quiere liberarle."[189]

---

[188] Congregación de la Doctrina de la Fe, Instrucción sobre las Oraciones para Obtener de Dios la Curación, punto I, No. 5.
[189] Walsh, página 83.

Calor. Muchos individuos reportan una sensación de calor o electricidad en el área que recibe la oración de curación. Igualmente, aquellos que están rezando indican que sus manos o cuerpos se sienten inusualmente calientes.

Los Frutos del Espíritu Santo. El individuo y aquellos que rezan con él dicen sentir un profundo estado de paz, alegría y los otros frutos del Espíritu Santo.

Curación Milagrosa. La curación deseada se lleva a cabo. Por ejemplo, una herida se cierra, un miembro o extremidad vuelve a crecer, se recupera la vista.

Confirmaciones

La siguiente lista puede ayudarte a confirmar que la curación se ha llevado a cabo:

Curación Física
- La condición física mejora de forma significante o completa
- El individuo dice que ya no siente el dolor o molestia.

Curación Psicológica
- La persona experimenta consolaciones, tales como las mencionadas en la sección previa.
- "La persona se siente más contenta consigo misma."[190]

---

190 Walsh, página 79.

- "Los síntomas físicos que acompañan el desorden emocional (tales como malestar en el estómago, dolores de cabeza, tensión nerviosa) también desaparecen."[191]
- "La persona se siente más cómoda en sus relaciones personales dentro de la familia y en el trabajo."[192]

Curación Espiritual
- La persona experimenta consolaciones
- La persona tiene un deseo nuevo por la oración y los sacramentos.
- El individuo indica sentirse más cerca e íntimo con Dios.

---

191 Walsh, página 79.
192 Walsh, página 79.

5.5

NORMAS GENERALES PARA LA ORACIÓN DE CURACIÓN

1. "*Agradece y llénate de alegría*, pero se prudentemente cauteloso cuando verifiques una curación."[193]

2. En todo momento, *respeta la voluntad* de la persona por la que estas rezando. No todos los que necesitan ayuda, quieren ayuda.

3. *Enfócate en las necesidades inmediatas del individuo*, y presta atención a las limitaciones de tiempo. No trates de dar una sesión profunda de consejería durante un servicio de oración público.

4. *Anima al individuo a que rece contigo*, en lugar de solamente escuchar y recibir las oraciones en forma pasiva. Evita ser el único que reza.

---

[193] Doctrinal Commission of ICCRS, Guidelines on Prayers for Healing.

5. Debido al respeto por la Unción de los Enfermos, ***los laicos no deben utilizar aceite para ungir o bendecir a nadie.***

6. ***Pon el mensaje del Evangelio primero.***

> *Existe una conexión muy importante entre los dos (la curación y predicar el Evangelio). Las curaciones en el tiempo de Jesús eran la confirmación de Su evangelización. Él trató de convencer a las personas que las curaciones no eran las "metas" que Él buscaba, sino que trató de que la gente las viera como "señales" del Reino y lo más importante de Su mensaje. El mensaje era más importante que la curación.*[194]

> *"No te enfoques tanto en las curaciones sino más bien en el Curador Divino."*[195]

7. ***Entiende la importancia de la fe.*** Si el individuo con quien estás rezando no recibe la curación, no lo avergüences ni le digas que la curación no se llevó a cabo por falta de fe.

> …Hay veces en que se le ha dicho a la gente que Dios siempre quiere sanarlos y que la razón por la cual están enfermos es por falta de fe en la acción de Dios. Esta enseñanza tiene resultados horribles y no respeta el misterio divino presente en el sufrimiento.
>
> La persona que cree en este tipo de enseñanza

---

[194] Walsh, página 76.
[195] Doctrinal Commission of ICCRS, Guidelines on Prayers for Healing.

comienza a culparse a sí mismo por estar enfermo… o se esfuerza en "trabajar" para obtener la fe suficiente para poder ser sanado. Estos esfuerzos son en vano, porque la curación no es obra del hombre sino es la obra de Dios entre nosotros.

La fe no es la *causa* de la curación, sino solamente una condición para que la curación ocurra. Solamente Dios es la causa de la curación.[196]

8. Cualquiera que sea el resultado, ***no te desanimes cuando le pidas a Dios la curación.*** "Ni siquiera la oración más intensa obtiene la curación de todas las enfermedades."[197]

9. ***Los laicos no están permitidos de dar la Unción de los Enfermos.***

Las oraciones litúrgicas para la curación se celebran de acuerdo con el rito prescrito en el *Ordo Benedictionis infirmorum* del *Rituale Romanum* (28) y con las sagradas vestiduras allí indicadas.[198]

10. A pesar de que San Pablo dice que solamente algunos reciben el ministerio de curación, ***se aconseja que todos los cristianos le pidan a Dios por su curación y la de otros.*** "Los fieles

---

196 Walsh, páginas 85-86.
197 Congregación de la Doctrina de la Fe, Instrucción sobre las Oraciones para Obtener de Dios la Curación, punto I, No. 5. Congregación de la Doctrina de la Fe, Instrucción sobre las Oraciones para Obtener de Dios la Curación, punto I, No. 5.
198 Congregación de la Doctrina de la Fe, Instrucción sobre las Oraciones para Obtener de Dios la Curación , punto II, art. 3 §1.

son libres de elevar oraciones a Dios para obtener la curación."[199] Santiago nos dice "Reconozcan sus pecados unos ante otros y recen unos por otros para que sean sanados. La súplica del justo tiene mucho poder con tal de que sea perseverante" (Santiago 5, 16).

11. Tal como en las normas generales para la oración intercesora, *la persona que ocupe la más alta autoridad debe ser el líder del grupo de oración*. Este individuo puede decidir ceder su autoridad a otra persona. Cuando un servicio de curación se "realiza en la Iglesia o en otro lugar sagrado, es conveniente que sea guiado por un sacerdote o un diácono."[200]

Para que los servicios litúrgicos sean válidos, el líder deberá ser un ministro ordenado. Para los servicios de curación no-litúrgicos, es muy apropiado que sea un sacerdote o diácono quien lo presida, pero no es obligatorio.

Aquellos que deseen tener un servicio litúrgico de curación deberán obtener permiso de su obispo local (u ordinario), incluso si el evento incluye la participación de otros obispos o cardenales. Una vez que se haya obtenido el permiso, aquellos que estén auspiciando el evento deberán consultar a la diócesis con respecto a las normas litúrgicas. "El Obispo diocesano tiene el derecho a emanar normas para su Iglesia particular sobre las celebraciones litúrgicas de curación."[201]

---

[199] Congregación de la Doctrina de la Fe, Instrucción sobre las Oraciones para Obtener de Dios la Curación , punto II, art. 1.

[200] Congregación de la Doctrina de la Fe, Instrucción sobre las Oraciones para Obtener de Dios la Curación , punto II, art. 1.

[201] Congregación de la Doctrina de la Fe, Instrucción sobre las Oraciones para Obtener de Dios la Curación, punto II, art. 4 § 1; ver Canon 838 §4.

12. ***Los servicios no-litúrgicos también están bajo la vigilancia del ordinario local.*** Los participantes deberán obedecer las instrucciones, reglas y normas emitidas por el ordinario local para tales eventos.

13. ***Evita excentricidades durante la oración.*** "Es necesario, además que durante su desarrollo no se llegue, sobre todo por parte de quienes los guían, a formas semejantes al histerismo, a la artificiosidad, a la teatralidad o al sensacionalismo."[202]

14. ***Ten en cuenta cuando busquen filmar o televisar un servicio de curación***, que "el uso de los instrumentos de comunicación social, en particular la televisión, mientras se desarrollan las oraciones de curación, litúrgicas o no litúrgicas, queda sometido a la vigilancia del Obispo diocesano."[203] Esta norma se extiende a todo medio de comunicación social.

15. Con referencia a una persona que busca la curación: ***"No asumas responsabilidad por la vida de esta persona.*** Una petición de ayuda momentánea no es una invitación a administrar la vida de dicha persona en forma permanente."[204] Puedes interceder por la persona en tu vida de oración personal, pero acuérdate que el Salvador es Jesús, no tú.

---

[202] Congregación de la Doctrina de la Fe, Instrucción sobre las Oraciones para Obtener de Dios la Curación: punto II, art. 5 § 3.
[203] Congregación de la Doctrina de la Fe, Instrucción sobre las Oraciones para Obtener de Dios la Curación, punto II, art. 6.
[204] McNutt. F. (1998, March 16). Renouncing Occult Involvement. School of Healing Prayer. Jacksonville, Florida, United States.

práctica
PARA EL CAPÍTULO 5

LOS DIEZ PASOS

1. Reunión inicial
2. Haz preguntas *Ofrece breves instrucciones*
3. Pide permiso
4. Invita a la Presencia y ofrece alabanza
5. Espera que el Espíritu dirija la oración
6. Reza en el nombre de Jesús
7. Verifica los resultados
8. Pide la bendición del Padre
9. Sella la oración
10. Ofrece alabanza, honor y gloria a Dios

LOS 5 REQUISITOS DE LA ORACIÓN DE LIBERACIÓN

Arrepentirse
Perdonar
Renunciar
Tomar autoridad
Pedir la bendición del Padre

ejercicio 1

ORACIONES DE CURACIÓN

Diríjanse más bien a las ovejas perdidas del pueblo de Israel. A lo largo del camino proclamen: ¡El Reino de los cielos está ahora cerca! Sanen enfermos, resuciten muertos, limpien leprosos y echen los demonios. Ustedes lo recibieron sin pagar, denlo sin cobrar. (Mateo 10, 6-8)

Instrucciones:

Divídanse en grupos de tres o cuatro. Pregunta en tu grupo si alguien necesita curación. Coloca a un voluntario que desea recibir la oración. Utiliza los diez pasos de la Oración Intercesora Frente a Frente, y si es necesario, Los Cinco Requisitos de la Oración de Liberación. Recen en grupos. Recuerda rezar con una fe expectativa y con perseverancia.

Después de la sesión de oración, responde las siguientes preguntas:

- ¿Quién está en tu grupo de oración?
- ¿Se revelaron algunas palabras de profecía, conocimiento o sabiduría? Descríbelas.
- ¿Se compartieron algunas palabras no-proféticas?
- ¿Qué consolaciones se recibieron?
- ¿Se llevó a cabo la curación?
- ¿Qué lección aprendiste sobre curación?

Notas:

Vocabulario

Adicción: Una dependencia nociva para la salud a una substancia, un objeto o una actividad en particular (por ejemplo: drogas, pornografía, apuestas, alcohol).

Atar: Sujetar, amarrar o restringir. En el ministerio de liberación, pedirle a Jesús que "ate un espíritu" ocasiona que el espíritu maligno no pueda manifestar su poder.

Bautismo del Espíritu Santo: Vea la *Efusión del Espíritu Santo*.

Carismas: Gracias del Espíritu Santo (ya sean extraordinarias, simples o humildes) que directa o indirectamente benefician a la Iglesia, ordenadas, tal cual están para su edificación, el bien de los hombres y las necesidades del mundo.

Compulsión: Pensamientos e impulsos incontrolables de llevar a cabo un acto.

Consolación: Un signo de Dios que trae la tranquilidad, confianza, apoyo o ánimo.

Demonización: Subordinación de una persona, lugar u objeto a la influencia de demonios. Esto incluye la infestación, opresión, obsesión y posesión.

Descansar en el Espíritu: Una forma de éxtasis religioso en el cual el individuo cae al piso.

Despertar del Espíritu Santo: Vea la *Efusión del Espíritu Santo*.

Don Carismático: Una manifestación del poder y la presencia de Dios, otorgado para honor y gloria de Dios y para el servicio de otros. Se refiere a las manifestaciones del poder del Espíritu Santo mencionadas en las Sagradas Escrituras, especialmente después de Pentecostés, las cuales han permanecido con la Iglesia tanto en sus enseñanzas como en la práctica.

Don de Discernimiento (de Espíritus): "Una iluminación de Dios que le permite a una persona ver a través de la apariencia externa de una acción o inspiración con el propósito de determinar su origen. Las inspiraciones o acciones pueden venir de tres procedencias (o 'espíritus') – de Dios, de la persona o del demonio. Si la persona ha discernido correctamente el origen, la persona puede proceder en dicha situación con más sabiduría."[205]

Efusión del Espíritu Santo: "Una experiencia religiosa interna (o experiencia de oración) en la cual el individuo experimenta al Cristo resucitado de manera personal. Esta experiencia es el resultado de cierta 'salida' de los poderes del Espíritu Santo, usualmente ya presentes dentro del individuo mediante el Bautismo y la Confirmación."[206] También llamado el despertar del Espíritu Santo, el derrame del Espíritu Santo, y el Bautismo del Espíritu Santo.

---

205 Walsh, página 100.
206 Walsh, página 24.

Exorcismo: "El acto de sacar, repeler, demonios…de las personas, lugares o cosas, las cuales se cree que están poseídas o infestadas."[207]

Exorcismo Mayor: El rito solemne del exorcismo reservado para las personas poseídas.

Exorcismo Menor: Una manera de exorcismo disponible para todos los católicos, no solamente para las personas poseídas. Al igual que con el exorcismo mayor, es administrado por un individuo ordenado. Sin embargo, un catequista laico, con aprobación del ordinario local, puede realizar un exorcismo menor como parte del Rito de Iniciación Cristiana para Adultos.

Fe, Gracia de: Un don que le permite a la persona creer y invocar todo el poder de Dios con una certeza que excluye toda duda.

Fórmula Deprecativa: Una oración que le pide a Dios liberar a una persona de la influencia de un espíritu diabólico.

Fórmula Imperativa: Una orden dirigida directamente a un espíritu maligno – por ejemplo, "¡Vete, Satanás!"

Hechizo: Un embrujo o maldición.

Herejía Montanista: Una herejía popular en el siglo dos, llamada así por su fundador Montanus. Él enseñó que los individuos que daban

---

207 Toner. Patrick. "Exorcism." The Catholic Encyclopedia, Vol. 5. New York: Robert Appleton Company, 1909. 11 Jun. 2017 'http://www.newadvent.org/cathen/05709a.htm

declaraciones proféticas estaban poseídos por el Espíritu Santo y no hablaban como mensajeros de Dios sino como personas poseídas por Dios, y que no podían resistírsele. Esta herejía causó una gran división por muchas razones, pero especialmente debido a la enseñanza incorrecta que el libre albedrío de la persona se veía negado al ejercer el carisma, y porque mostraba desobediencia a la autoridad de la Iglesia. Por ejemplo, cuando la profecía estaba en conflicto con la enseñanza de la Iglesia, los Montanistas tomaban el lado de la profecía, dándole más autoridad al falso profeta que a la Iglesia.

Imposición de Manos: Ver *Oración Intercesora Frente a Frente.*

Infestación (Demoníaca): "La influencia de espíritus malignos sobre objetos, animales, casas o lugares. Estos pueden infestarse debido a la presencia de actividades ocultas o por una maldición echada directa y deliberadamente hacia ellos."[208]

Interpretación, Don de: "El…poder dado a un individuo para hablar, en la lengua vernácula, el significado general de lo que se haya dicho utilizando el don de lenguas."[209]

Lágrimas, Don de: Las lágrimas acompañadas por los buenos frutos del Espíritu Santo, normalmente se manifiestan cuando un individuo encuentra el poder sanador del Espíritu Santo.

Lenguas, Don de: "Un don mediante el cual la persona le reza a

---

[208] Leyshon, página 4.
[209] Walsh, página 53.

Dios en un lenguaje que no conoce, simplemente 'cediendo' a la acción del Espíritu Santo.

"Cuando se 'reza en lenguas', la persona no utiliza sus poderes racionales de memoria o intelecto normalmente usados para hablar y rezar. Pero si utiliza otras facultades asociadas con el lenguaje – los labios, la lengua y la laringe."[210]

Ver *Oración Personal en Lenguas* y *Oración Pública en Lenguas*.

Liberación: "Un término genérico refiriéndose a liberar a alguien de la influencia de un demonio...aplicado específicamente en casos de obsesión, opresión de personas e infestación de lugares."[211]

Maldición: Una declaración solemne destinada a invocar un poder sobrenatural para causar daño o castigo a alguien o algo.

Manifestación: La indicación de la presencia y naturaleza de un espíritu en una persona o cosa. Las manifestaciones pueden ser buenas (el don de lágrimas, las manos calientes cuando rezamos por la curación) o malas (gritar, convulsionar y vomitar).

Muerto en el Espíritu: Un término menos preferente para el de "descansar en el Espíritu."

Oculto: Actividades que involucran o están relacionadas con lo sobrenatural, místico o poderes o fenómenos mágicos cuyos orígenes y propósitos no son el Dios Trinitario.

---

210 Walsh, página 33.
211 Leyshon, página 5.

Obsesión: "Influencia demoníaca que parece residir dentro de la persona, usualmente afecta cierta área en la vida de la persona en forma de tentaciones habituales fuertes. Una persona puede exponerse a tal influencia mediante la búsqueda deliberada de la presencia de espíritus malignos a través de la brujería, el satanismo o adivinanza del futuro (guija, tarot, etc.); la obsesión demoníaca también puede ocurrir a través de pecados graves, los cuales no están explícitamente asociados con lo oculto, como por ejemplo, actividad sexual de personas consagradas u ordenadas que han hecho promesas de celibato. El espíritu obsesivo usualmente debe ser identificado por nombre y desechado (por ejemplo: ordenarle que se vaya) o atado (por ejemplo: prohibirle que ejerza mayores influencias)."[212]

Opresión (Demoníaca): "Influencia demoníaca que parece venir de una persona, causando pesadez, agotamiento o desaliento. Los espíritus opresivos se pueden adquirir mediante la exposición a una presencia maligna muy fuerte; por ejemplo: mediante la participación en el ministerio de liberación o mediante el contacto con artículos de brujería. Los espíritus opresivos pueden ser expulsados con una orden simple de que se vayan en el nombre de Jesús."[213]

Oración: Levantar la mente y el corazón a Dios o el pedido de buenas cosas de Dios.

Oración de Liberación: Una forma de oración intercesora, cuya meta es rescatar o liberar a una persona de una influencia demoníaca.

---

[212] Leyshon, página 4.
[213] Leyshon, página 4.

Oración en Lenguas: Ver *Lenguas, Don de*.

Oración Intercesora: Una oración en la cual le pedimos a Dios por las intenciones de otra persona. Esta no conoce fronteras y se extiende a nuestros enemigos.

Oración Intercesora Frente a Frente: Oración de contacto directo en nombre de alguien, frecuentemente involucra el contacto físico, de parte de una o más personas; más comúnmente conocido como la "imposición de manos".

Oración Personal en Lenguas: Una de las dos manifestaciones del don carismático de lenguas. (Ver *Lenguas, Don de*). Este don permanente puede ser utilizado en cualquier momento que el individuo lo desee y es considerado el umbral para recibir otros dones del Espíritu Santo. A diferencia del don público de oración en lenguas, una oración personal en lenguas está destinada para el individuo, no para una reunión pública.

Oración Pública en Lenguas: Una "manifestación pasajera del Espíritu Santo a un individuo…durante una reunión carismática de oración, en la cual la persona siente el impulso de hablar en lenguas en voz alta, lo cual deberá continuarse con el uso del don complementario de la interpretación. El uso de los dones de lenguas y de interpretación es muy parecido al don de profecía."[214] Ver *Lenguas, Don de*.

Palabra de Conocimiento: Una percepción de un misterio divino o

---

214 Walsh, página 51.

faceta de la relación del hombre con Dios, expresada de manera que otros puedan entender el misterio.

Palabra de Sabiduría: Una percepción del plan de Dios en una situación específica, puesta en palabras de consejo o dirección.

Pecado Grave: Una ofensa seria en contra de Dios. "La materia grave es precisada por los Diez mandamientos según la respuesta de Jesús al joven rico:: "No mates, no cometas adulterio, no robes, no levantes testimonio falso, no seas injusto, honra a tu padre y a tu madre" (*Marcos* 10, 19). La gravedad de los pecados es mayor o menor: un asesinato es más grave que un robo. La cualidad de las personas lesionadas cuenta también: la violencia ejercida contra los padres es más grave que la ejercida contra un extraño."[215]

Pecado Mortal: Una ofensa seria contra Dios, la cual "Entraña la pérdida de la caridad y la privación de la gracia santificante, es decir, del estado de gracia. Si no es rescatado por el arrepentimiento y el perdón de Dios, causa la exclusión del Reino de Cristo y la muerte eterna del infierno; de modo que nuestra libertad tiene poder de hacer elecciones para siempre, sin retorno."[216] Es un pecado grave cometido con el completo conocimiento y consentimiento del pecador.

Pecado Venial: Pecado que no destruye la existencia de Dios en el alma, pero la disminuye.

"Se comete un *pecado venial* cuando no se observa en una materia leve la medida prescrita por la ley moral, o cuando se

---

215 Catecismo de la Iglesia Católica 1858.
216 Catecismo de la Iglesia Católica 1861.

desobedece a la ley moral en materia grave, pero sin pleno conocimiento o sin entero consentimiento."[217]

Penitencia y Reconciliación: Uno de los siete Sacramentos de la Iglesia, mediante el cual un miembro de los fieles confiesa sus pecados a un sacerdote, obtiene la misericordia divina por esos pecados, y se reconcilia con la Iglesia.

Pentecostalismo: Un movimiento dentro de los Cristianos Protestantes que pone especial énfasis en una experiencia directa y personal con Dios a través de la efusión del Espíritu Santo.

Posesión (Demoníaca): El más raro de los ataques demoníacos, el cual ocurre "cuando los seres humanos libremente le entregan el control total de su vida a Satanás, haciéndolo expresamente o acogiendo pecado grave. En tales casos, se requiere el exorcismo formal, reglamentado por el obispo de la diócesis… La (posesión) está caracterizada por componentes espectaculares en las cuales el demonio toma control, en cierta manera, de la fuerza y las habilidades físicas de la persona poseída. Sin embargo, no puede tomar el libre albedrio del sujeto, de manera que el demonio no puede forzar a una persona poseída a escoger el pecado."[218]

Profecía, Don de: "Un don mediante el cual Dios le manifiesta al hombre Sus propios pensamientos para que el mensaje sea dado a un individuo, a un grupo de individuos o para la comunidad."[219]

---

217 Catecismo de la Iglesia Católica, 1862.
218 Leyshon, página 4.
219 Walsh, página 60.

Profecía Directiva: Un tipo de profecía que le dice a una persona que haga algo, por ejemplo, interceder por alguien, estar al tanto de un problema venidero, o que no vaya a algún lugar.

Profecía Personal: Una profecía, dada ya sea en público o en privado, dirigida exclusivamente a un individuo en lugar de a un grupo entero.

Profecía Privada: Una forma de profecía que se comparte con un solo individuo o un grupo privado, tal como un grupo de oración.

Profecía Pública: Profecía que se comparte de manera pública, tal como en un servicio de oración que ha sido anunciado al público.

Reconciliación, Sacramento de: Ver *Penitencia y Reconciliación*.

Renunciar: Declarar formalmente la renuncia de algo o alguien.

Reprender: Expresar desaprobación o crítica severa.

Curación, Don de: "La manifestación del Espíritu en la cual una curación física, psicológica o espiritual, o una renovación se lleva a cabo, la cual es principalmente una acción de Dios, a pesar de que se puedan utilizar causas naturales."[220]

Curación Espiritual: Una acción de Dios "en la cual se elimina algún hábito de pecado o tentación. Las posibles curaciones en este ámbito…corresponden a la lista de enfermedades espirituales."[221]

---

220 Walsh, página 75.
221 Walsh, página 75.

Una curación espiritual abarca los problemas espirituales normales de los que todos padecemos – dificultad yendo a Misa, el hábito del pecado, el rechazo a reconciliarse con otro, la hostilidad, etc. A pesar de ser similar a la curación psicológica, la persona puede estar muy enferma espiritualmente y muy contenta emocionalmente. La práctica nos demuestra que frecuentemente la curación psicológica y hasta la física se detienen hasta que la persona desee recibir la curación espiritual ofrecida por Dios."[222]

Curación Física: La curación de una enfermedad o lesión del cuerpo.

Curación Psicológica: Alivio de problemas emocionales o mentales, "usualmente asociados con recuerdos tristes o actitudes psicológicas enfermizas."[223]

Unción de los Enfermos: Uno de los siete sacramentos de la Iglesia, administrado por un sacerdote a una persona enferma o a punto de morir, para traer la curación, consolación y el perdón de sus pecados.

---

[222] Walsh, página 85.
[223] Walsh, página 75.

www.ingramcontent.com/pod-product-compliance
Lightning Source LLC
Chambersburg PA
CBHW020403080526
44584CB00014B/1144